BRETON-ENGLISH ENGLISH-BRETON

DICTIONARY AND PHRASEBOOK

BRETON-ENGLISH ENGLISH-BRETON
DICTIONARY AND PHRASEBOOK

Joseph Conroy

HIPPOCRENE BOOKS
New York

Copyright© 1997 Joseph Conroy.

All rights reserved.

For information, address:
HIPPOCRENE BOOKS, INC.
171 Madison Avenue
New York, NY 10016

Library of Congress Cataloging in Publication Data
Conroy, Joseph F.
Breton-English/English-Breton : Hippocrene
dictionary and phrasebook / Joseph Conroy.
p. cm.
Includes bibliographical references (p.).
ISBN 0-7818-0540-6
1. Breton language--Dictionaries--English. 2. English
language--Dictionaries--Breton. 3. Breton
language--Conversation and phrase books--English.
4. Brittany (France)--Languages. I. Title.
PB2837.C66   997
491.6'8321--dc21   97-25777
                                    CIP

Printed in the United States of America.

Contents

Foreword	7
Introduction to Breton	9
Spelling and Pronunciation	13
A Basic Grammar Lesson	17
BRETON-ENGLISH DICTIONARY	**31**
ENGLISH-BRETON DICTIONARY	**53**
BRETON PHRASEBOOK	**73**
Breton on the Web	171
Appendix: Breton Organizations	173
Bibliography	175
Map	176

Foreword

Raklavar

I have been working with Celtic languages for over three decades. In the mid-eighties I found some textbooks and cassettes in Breton in a FNAC store in Paris and began to learn the language. I quickly realized that of the three textbooks I had purchased, each was written in a slightly different form of Breton. The structure of the language was essentially the same, but the spelling and vocabulary varied widely. Unfortunately, this is typical of the current state of Breton; the language occurs in a number of local varieties and the learner must remain adaptable.

I learned Breton by using texts meant for speakers of French. The challenge in creating this phrasebook was to find ways to explain the language to English speakers. As I discovered, Breton and English have much in common, thanks in part to the considerable Celtic influence on the English language.

In writing this book, I made frequent use of the Internet, both to research the language and to contact groups of Breton speakers. Among the latter, a willingness to cooperate was always evident. Whenever I searched for information on vocabulary or about certain phrases, I almost always received an avalanche of responses, ranging from the opinions of purists who were eager to weed out all non-Breton influences to the opinions of regular people who were happy to help out.

Foreword

This phrasebook and dictionary is divided into four parts. The first deals with matters of spelling and pronunciation. The second gives a brief overview of Breton grammar. I believe a phrasebook is more useful if the reader can begin to see *how* the words fit together, and this ability comes from an acquaintance with the mechanisms—the grammar—of the language. The third part of this book consists of set phrases and vocabulary for various subjects. The fourth and final part of this book contains a short Breton-English/English-Breton dictionary for your convenience. All of the Breton words which occur in this text are included.

I wish you well as you embark upon this adventure of discovering a remarkable and resilient language. You are about to enter a new world of thought and perception, a world unique to the Breton language.

To those Breton-speakers who helped improve my command of the language, *trugarez vat eus ma c'halon!* ("Heartfelt thanks!")

J-F Conroy,

January, 1997

Introduction to Breton

Degemer mat! Welcome to the Breton language! When we think of Europe, we think of neatly defined countries with large populations speaking well-known languages. But there is another Europe, composed of those small lands which lost their independence during the long centuries from the Middle Ages to the present. Many of these lands have maintained their ancient languages despite continual pressure from the major tongues.

Britanny is a peninsula on the west coast of France. To the north is the English Channel (*Mor Breizh*, "the Sea of Brittany"). Brittany is about twice the size of New Jersey, with a population larger than that of New Zealand. It is divided into two major parts; *Breizh Uhel*, Upper Brittany, lies to the east of a line running from Saint Brieuc (*Sant Brieg*) south to the region east of Vannes (*Gwened*). Breton is no longer spoken in this part. *Breizh Izel*, Lower Brittany, lies to the west of the line from Saint Brieuc to east of Vannes. This is the Breton-speaking region. Breton is a Celtic language, closely related to Welsh and, more distantly, to Irish. The last two thousand years have been hard on the Celts. Once spoken throughout Europe from Anatolia in Turkey to the British Isles, Celtic languages have been pushed into a few corners of Western Europe. If there were a list of endangered languages as there is of endangered species, *all* of the surviving Celtic languages—Breton, Welsh, Irish, Gaelic—would appear at the top of it.

The Breton name for the language is *brezhoneg*. Within *Breizh Izel*, the Breton-speaking region, there are

Introduction to Breton

four major dialects, corresponding to the four major "lands" (*bro*): *Kernev, Treger, Leon,* and *Gwened*. Three of these dialects—those of *Kernev, Treger* and *Leon*—are closely related. The fourth, *Gwened*, differs considerably in vocabulary and pronunciation.

Despite these regional differences, Breton is one language, and the lack of a single standard speech does not undermine this claim. When learning Breton, the student has to accept that there will be more than one way to say something, and more than one correct pronunciation. The situation is similar to that of English, where British, American, Australian, and Indian pronunciations are seen as minor differences, not as representative of different languages.

Breton is not widely known in the rest of France. And, since most works about the language have been written in French, Breton has not been easily accessible to English speakers.

For the past 450-odd years, since the Edict of Union in 1532 which brought Brittany under the French crown, Breton speakers have been fighting to protect their language. Outlawed, restricted, and forbidden, the Breton language was attacked on all sides by French-speaking governments. Yet Breton speakers held on during centuries of French authority, and Breton survived. Today, the language is being taught in schools, appears on the Internet, and is cherished by a new generation of speakers. It is estimated that 600,000 people speak Breton on a daily basis.

Yet a language is not valued solely by the number of speakers it has. Breton is an ancient language with a rich literary history, the vehicle for the tales of King Arthur (*ar roue Arzhur*), and the lost city of Ys (*kêr Is*), among others. In modern Brittany, there is still a strong feeling that Breton identity is inexorably linked to the Breton language. This sentiment is expressed in the saying "*Hep brezhoneg, ebet Breizh,*" "without the Breton language, there is no Brittany."

Introduction to Breton

Many Breton speakers you will meet may not know how to read and write their own language. They will have been educated in French. For them, Breton remains strictly a spoken language. Many speakers may also use a more Gallicized vocabulary, throwing French words into their Breton sentences. Instead of the native *karr-tan* or *gwetur* for automobile, they will use *oto*, from the French "auto." This is also to be expected, and in no way detracts from Breton as a language. Think where English would be if all French words were banished!

Recent attempts to teach Breton in the schools have resulted in a kind of Unified Breton (*brezhoneg kimiek*, "Chemical Breton," to its detractors) where regional differences are less emphasized. This is the language used in this phrasebook. It is in no way artificial, and will be understood by Breton speakers. If you are visiting a particular region of Brittany, this phrasebook will provide you with the necessary basis for communication. You can then pick up the local variants as you go.

Spelling and Pronunciation

Reizhskrivadur ha Distagadur

No one standard spelling system is in use for Breton. Instead, at least three competing orthographies exist with local variations. This dictionary and phrasebook will follow the one in Per Denez's textbook *Brezhoneg Buan had Aes*, and in Roparz Hemon's French-Breton dictionary. This system is well-known and widely used. Moving from it to the other spellings will not be difficult.

The Breton alphabet uses the Roman letter we have in English. Here is the alphabet:

A B CH C'H D E F G H I J K L M N O P R S T U V W Y Z

The letter **c** does not occur by itself. The digraph **ch** stands for the "sh" sound of English. The combination **c'h** stands for the "ch" of Scottish "loch" or German "nach."

The symbol **ñ** must be added. This indicates that a preceding vowel is *nasalized:* **emañ**.

The consonants **b d f g k l m n p t** are pronounced much as in English. The letter **g** is "hard," as in **go**, never as in **gem**. The letter **l** is always clear, as in **like**, never as in **milk**.

The letter **j** sounds like the **s** in "leisure": *beajiñ* (to travel).

The two letters **sh** are always pronounced as "s," never as "sh." A final **s** is pronounced in Breton, but

13

Spelling and Pronunciation

final **z** is often silent. A **z** between vowels within a word may also be silent. *Bezañ,* "to be," is most often pronounced bé-añ.

The combination **zh** is most often pronounced as **z**, although in some regions it sounds like English **h**: *dezhi* [dé-zi] or [dé-hi].

For most Breton speakers, **h** is not pronounced.

Breton **r** varies from region to region. The most common value is that of the French **r**, a sound gargled in the back of the throat.

The letter **y** is always a consonant. It never represents a vowel sound.

Breton speakers are divided on the value of **w**. For many, it sounds like English **w**. For others, it is closer to **v**.

The letter combinations **gn** and **(i)lh** represent special sounds. **Gn** has the sound of English **ny** in "canyon": *kignen* (garlic). **(I)lh** is similar to the lli of English "million": *kilher* (will-'o-the-wisp), *tailh* (size).

The letter **v** represents two distinct sounds. As a consonant, **v** has the same sound as the English **v**. But **v** also represents a short **o**-vowel at the end of many words: *anv* (name). Vocalic **v** also occurs within words before a consonant, and here it has more of a **w** sound: *evn* (bird).

Vowels

Breton vowels are either short or long; long vowels may occur nasalized. The quality of the vowel often distinguishes one word from another.

The vowels are as follows. Long vowels are longer versions of the basic quality.

a	as in hat
e	as in fiancé

Spelling and Pronunciation

eu	"e" as in met but with pursed lips
i	as in cheese
o	as in boat
ou	as in blue
u	"ee" as in feet but with pursed lips

The nasal vowels have the same quality as long vowels, but with the breath going through the nasal passages as well as through the mouth.

There are several combinations of vowels in Breton:

av	"ow" as in cow
ev	"ew": e followed by a quick w
ae	a + e quickly
aou	a + ou
oa	"wa"
oe	"we"
eue	eu + e
oue	"oo-way"
ui	u + i quickly

In writing, three accent marks appear. The acute (') is used over **u** to mark the plural of many nouns. It does not change the pronunciation. The circumflex (_) is used to distinguish some words, and the dieresis (") indicates that two vowels that would otherwise form a diphthong are to be pronounced separately.

The stress in Breton words is strong, and usually occurs on the penultimate syllable. Exceptions to this rule will be indicated in the text.

A Basic Grammar Lesson

Subject pronouns in Breton are emphatic. When used, they call attention to themselves.

I, we	**me, ni**
you	**te, c'hwi**
he, she, it	**eñ, hi**
they	**int**

Note: "It" will be translated by either *eñ* (m.) or *hi* (f.) depending on the gender of the noun being replaced.

As in many languages, there is a distinction between *familiar* "you" (**te**) and polite "you" (**c'hwi**). In many Breton-speaking areas, *te* is not used, and *c'hwi* is the only word used for "you." Since *c'hwi* is also the polite form, it is the one used most often in this book.

The simplest form of object pronouns consists of the preposition *a* (*ac'han-/anezh-*) and a pronoun suffix:

me, us	**ac'hanon, ac'hanomp**
you	**ac'hanout** (fam.),
	ac'hanoc'h (pol.)
him, her, it	**anezhañ, anezhi**
them	**anezho**

Indirect object forms are supplied by the preposition *da* ("to") and a pronoun suffix.

to me, to us	**din, deomp**
to you	**dit** (fam.),
	deoc'h (pol.)

A Basic Grammar Lesson

to him, to her, to it	**dezhañ, dezhi**
to them	**dezho**

When we use the emphatic subject pronouns, the verb does not change its form for person and number.

I speak English.	**Me a gomz saozneg.**
You speak Breton.	**C'hwi a gomz brezhoneg.**
We speak French.	**Ni a gomz galleg.**
Do they speak English?	**Hag int a gomz saozneg?**
Does anyone here speak English?	**Hag ez eus tud amañ a c'hall komz saozneg?**
We buy.	**Ni a bren.**
They write.	**Int a skriv.**
You read.	**C'hwi a lenn.**

In the negative, a *conjugated* form of the verb must be used. This is surrounded by *ne...ket*. Before a vowel, *ne* appears as *n'*. If the first sound of the verb is **w**, as in *oar*, we still write *ne*.

I am not Breton.	**N'on ket Breizhad.**
I don't speak Breton.	**Ne gomzan ket brezhoneg.**
We don't buy chickens.	**Ne brenomp ket yer.**
You don't write letters.	**Ne skrivoc'h ket lizhiri.**
They don't read the newspaper every day.	**Ne lennont ket ar gazetenn bemdez.**
Do you read the newspaper every day?	**C'hwi a lenn ar gazetenn bemdez?**

A Basic Grammar Lesson

No, I don't read the newspaper every day.	**Nann, n'eo ket. Ne lennan ket ar gazetenn bemdez.**

The Breton possessive words ("my, your, etc.") are:

my, our	**ma, hor (hon, hol)**
your	**da (fam.), ho (hoc'h before vowels)(pol.)**
his, her	**e, he (these both sound alike)**

Note: Before a vowel, *he* will appear as **hec'h**.

her apple	**hec'h aval**
their	**o**

These words cause a following consonant to mutate in one of several ways, and are best taken in groups. The first group, *ma* ("my"), *he* ("her"), and *o* ("their") cause a following **p** to become an **f**, a following **t** to become a **z**, and a following **k** to become a **c'h**. This is the *spirant* mutation.

boy	**paotr (ar paotr, plural: paotred - ar baotred)**
my boy, her boy, their boy	**ma faotr, he faotr, o faotr**
father	**tad (an tad, pl.: tadoù)**
my father, her father, their father	**ma zad, he zad, o zad**
dog	**ki (ar c'hi, chas)**
my dog, her dog, their dog	**ma c'hi, he c'hi, o c'hi**

The possessives *da* ("your") and *e* ("his") cause a *softening* mutation of a following consonant.

father,	**tad**

A Basic Grammar Lesson

your father his father	**da dad, e dad**
brother	**breur**
your brother, his brother	**da vreur, e vreur**

The possessives *ho* ("your"), *d'az* ("to your," fam.), and *ez* ("in your," fam.) cause a *hardening* mutation of a following consonant.

wife	**gwreg**
your wife, to your wife	**ho kwreg, d'az kwreg** (fam.)/ **d'ho kwreg** (pol.)
boat	**bag**
your boat, in your boat	**ho pag, ez pag** (fam.)/ **en ho pag** (pol.)

Since *o* ("their") and *ho* ("your") sound alike in speech, as do *he* ("her") and *e* ("his"), it is the kind of mutation which helps distinguish these words.

their house, your house	**o zi, ho ti**
her house, his house	**he zi, e di**
their heart, your heart	**o c'halon, ho kalon**
her heart, his heart	**he c'halon, e galon**
their head, your head	**o fenn, ho penn**
her head, his head	**he fenn, e benn**

The word for "our," *hor/hon/hol* varies according to the following sound. If the next word begins with l, we use *hol*. If the next word begins with t, d, n, h or a vowel, we use *hon*. In all other instances, we use *hor*. After *hor/hon/hol*, the only mutation which occurs is k c'h: *krazennoù* ("pieces of toast")—*hor c'hrazennoù*.

The basic prepositions in Breton are:

A Basic Grammar Lesson

from	**a, eus** (more emphatic)
by, through	**dra**
in	**e, en** (before a vowel)
with	**gant**
without	**hep**
against	**ouzh**
on	**war**
from on	**diwar**
under	**dindan**
in front of	**dirak**
behind	**a-dreñv**
between	**etre**
before	**a-raok**
after	**goude**
for	**evit**
as far as, until	**betek**
in the middle of	**e-kreiz**
next to, near	**e-kichen**
outside	**er-maez**
during	**e-pad**

Unlike English, Breton does not have pronoun forms which may be used after a preposition. Instead, there are **pronoun suffixes**. This means that to say "with us," Breton will use **ganeomp**, the preposition **gant** plus the pronoun suffix **-eomp**. Pronoun suffixes occur in two sets, one with a basic vowel **i**, and another with a basic vowel **o**.

The forms of the prepostion *evit* ("for") with the pronoun suffixes are:

for me, for us   **evidon, evidomp**

for you	**evidout** (fam.), **evidoc'h**
for him, for her	**evitañ, eviti**
for them	**evito**

Note: The forms given for "for him, for her" will also be used to refer to objects ("for it"), depending upon the gender of the word referred to.

Like *evit* are: *davet* ("towards"), *eget* ("than"), *evel* ("like"), and *hep* ("without").

The preposition *gant* ("with") has slightly different forms:

with me, with us	**ganin, ganeomp**
with you	**ganit, ganeoc'h**
with him, with her	**gantañ, ganti**
with them	**ganto**

The Breton verb is simpler than its French counterpart, with just about all verbs following one conjugation. There are only a handful of irregular verbs, and only one verb, "to have," which does not follow the standard conjugation.

In dictionaries, the verb is given in the infinitive form: lavarout, "to say," kousket, "to sleep," deskiñ, "to learn," fardañ, "to prepare, make." As you can see, there is a variety of infinitive endings: -out, -et, -iñ, -añ. There are several other such endings. To find the verb-base, we remove these endings: lavar-, kousk-, desk-, fard-. There are also infinitives with no ending: pourmenn, "to go for a walk," komz, "to talk," gortoz, "to wait." For these last three verbs, the infinitive is also the verb-base. When the subject of the verb appears in the sentence, the verb remains invariable. A single form occurs for each tense:

<u>infinitive</u>	**deskiñ**	**komz**

A Basic Grammar Lesson

<u>verb-base</u>	desk-	komz-
<u>present</u>	desk	komz
<u>past</u>	deske	komze
<u>conditional</u>	deskfe	komzfe
<u>future</u>	desko	komzo

In actual use, these forms will occur after one of three verbal particles, **a, e, o,** and these particles cause mutation of the first consonant.

The particle **a** occurs when either the subject or direct object precedes the verb. It causes the softening mutation.

The past participle of all verbs consists of **-et** added to the verb-base.

lavarout	lavar-	lavaret
kousket	kousk-	kousket
deskiñ	desk-	desket
fardañ	fard-	fardet
komz	komz-	komzet
pourmen	pourmen-	pourmenet
gortoz	gortoz-	gortozet

To form the perfect tenses (compound past), the past participle is used with the verb "to have" in transitive sentences, and with the verb "to be" otherwise.

I have learned Breton.	**Me am eus desket brezhoneg.**
	Desket em eus brezhoneg.
John has prepared crepes.	**Yann en deus fardet krampouezh.**
	Fardet en deus Yann krampouezh.

In the negative, or when the subject is not expressed by a noun or pronoun, the Breton verb uses a series of endings to indicate the subject. One of the two particles, **a** or **e**, will usually precede the verb. These particles are often omitted in speech. All that is left is

A Basic Grammar Lesson

the mutation of the consonant to mark where the particle would have been.

The negative is formed by putting the verb between the two negative words **ne...ket**. When **ne** comes before a vowel, it is written **n'**. **Ne** causes the softening mutation of a following consonant. The particles **a** and **e** are omitted before a verb when **ne** precedes.

I understand.	**Me a gompren.**
I don't understand.	**Ne gomprenan ket.**
They are walking.	**Int a bourmen.**
They are not walking.	**Ne bourmenont ket.**

The endings for the present tense are:

"I"	-an	lavaran	pourmenan
"you" (fam.)	-ez	lavarez	pourmenez
"he, she, it"	no ending	lavar	pourmen
"we"	-omp	lavaromp	pourmenomp
"you" (pol.)	-it	lavarit	pourmenit
"they"	-ont	lavaront	pourmenont
"one"	-er	lavarer	pourmener

This last form, "one," is an impersonal form, used to make general statements.

The endings for the past ("was/were... ing") and the conditional ("would...") forms differ only in the addition of an **f** before the ending in the conditional:

	ending	past	conditional
"I"	-en	komzen	komzfen
"you" (fam.)	-es	komzes	komzfes
"he, she, it"	-e	komze	komzfe
"we"	-emp	komzemp	komzfemp
"you" (pol.)	-ec'h	komzec'h	komzfec'h
"they"	-ent	komzent	komzfent
"one"	-ed	komzed	komzfed

The endings for the future tense are:

| "I" | -in | deskin | fardin |
| "you" (fam.) | -i | deski | fardi |

"she, it"	-o	desko	fardo
"we"	-imp	deskimp	fardimp
"you" (pol.)	-oc'h	deskoc'h	fardoc'h
"they"	-int	deskint	fardint
"one"	-or	deskor	fardor

In Breton, as in many languages, the verb "to be" is somewhat irregular. The infinitive is *bezañ*, most often pronounced [BÉ-añ], and the past participle is *bet*. The initial **b** occurs most often in the mutated form **v**.

When the subject precedes the verb, the forms for the tenses are:

present	future	past	conditional
a zo	a vo	a oa	a vefe

Note: oa sounds like "wah."

When something other than the subject precedes the verb, the forms are then:

present	future	past	conditional
eo	e vo	e oa	e vefe

There are also special forms to express what *is* or *was* habitual:

present	past
vez	veze

| Peter was happy yesterday. | **Per a oa laouen hiziv.** |
| Peter was usually happy. | **Per a veze laouen.** |

In the present, if the subject is indefinite, the form **ez eus** occurs:

| The newspaper is on the table. | **Ar gazetenn a zo war an daol.** |
| There's a newspaper on the table. | **War an daol ez eus ur azetenn.** |

A Basic Grammar Lesson

There are also forms for use in sentences where the subject is not expressed.

	present	future	past	conditional
"I"		on	vin	oan vefen
"you" (fam.)		out vi	oas	vefes
"he, she, it"		eo vo	oa	vefe
"we"		omp vimp	oamp	vefemp
"you" (pol.)		oc'h voc'h	oac'h	vefec'h
"they"		int vint	oant	vefent
"one"		eur vor	oad	vefed

Special forms of the present are used when speaking of location in time or space. These are created by combining *ema* with the forms of "to be" given above:

"I"	**emaon**
"you" (fam.)	**emaout**
"he, she, it"	**emañ**
"we"	**emaomp**
"you" (pol.)	**emaoc'h**
"they"	**emaint**
"one"	**emeur**

| *I* am at home. | **Me a zo er gêr.** |
| I am *at home*. | **Er gêr emaon.** |

Of the handful of irregular verbs in Breton, "to have" is the only one that is truly unique. It has a conjugation unlike any other. This is because the verb is an old compound of "to be to." Instead of saying "I have," Breton prefers "there is to me." The infinitive is *kaout* or *endevout*, and the past participle is *bet*, the same as for the verb *bezañ* ("to be"). Here are the forms of the present, future, and past:

	present	future	past
"I"	am eus	am bo	am boa
"we"	hon eus	hor bo	hor boa
"you" (fam.)	a'ch eus	az po	az poa
"you" (pol.)	hoc'h eus	ho po	ho poa

"he, it"	en deus	en devo	en doa
"she, it"	he deus	he devo	he doa
"they"	o deus	o devo	o doa

The definite article ("the") has three forms, similar to those of *hor/hon/hol*: *ar/an/al*. Before a word beginning with **l**, we use *al*: *al loa* ("the spoon"). Before a word beginning with **t, d, n, h** or a vowel, we use *an*: *an ti* ("the house"). In all other instances, we use *ar*: *ar vag* ("the boat").

The definite article contracts with the preposition **e** ("in"): *er/en/el*.

in the ashes	el ludu (e + al)
in the house	en ti (e + an)
in the boat	er vag (e + ar)
in the boats	er bagoù

The indefinite article ("a/an") also has three forms, *ur/un/ul*, which occur under the same circumstances as *ar/an/al*.

a spoon	ul loa
a house	un ti
a boat	ur vag

Remember that, for most speakers, the **u** of *ur/un/ul* is that found in the French word *tu*. Other speakers of Breton may use a sound like that of **eu** (as in French *peu*), and often spell the indefinite article as *eur/eun/eul*.

There are three demonstratives in Breton: **-mañ** (this), **-se** (that), and **-hont** (that way over there). These are used with the definite article:

this man	an den-mañ
that man	an den-se
that man way over there	an den-hont

A Basic Grammar Lesson

Breton nouns belong to one of two gender classes: masculine or feminine. Unlike languages such as Spanish or Italian, the gender of a Breton noun is not apparent from its form. Clues to gender are given by the mutation of an initial consonant, or of the initial consonant of a following adjective.

In Breton, as in English, most nouns have a base-form that is singular and add an ending for the plural:

boat/boats	**bag/bagoù**
sailor/sailors	**martolod/martoloded**

Two of the most common plural endings are **-où** (usually for things) and **-ed** (usually for living beings). There are many other plural endings, including **-ioù**, **-ien**, and **ier**.

Some nouns add an ending for the plural and change the preceding vowel:

ship/ships	**lestr/listri**
cake/cakes	**gwastell/gwastilli**

Other nouns simply change the vowel(s) of the singular and use no ending:

chicken/chickens	**yar/yer**
tooth/teeth	**dant/dent**
foot/feet	**troad/treid**

Finally, some nouns have irregular plurals:

dog/dogs	**ki/chas**
horse/horses	**marc'h/kezeg**
child/children	**bugel/bugale**

In this phrasebook, the plural of all nouns will be given. There are also many Breton nouns with base-forms that have a *collective* meaning, such as **kelien**, "flies," or **logod**, "mice." These are words where we think of the noun as a mass, a number of objects. In this phrasebook, such nouns will be marked **(coll.)**.

A Basic Grammar Lesson

These nouns add the ending **-enn** to form a singular from the collective: **logodenn,** "a mouse." All nouns ending in **-enn** are **feminine.**

To express possession, Breton simply puts one noun after another: the door of the house *-dor an ti*. In this case, the first noun will not take the article (*ar/an/al*).

Johns' house	**ti Yann**
the teacher's dog	**ki ar mestr-skol**
Yvonne's books	**levrioù Ivona**
the walls of the city	**mogerioù ar gêr**

In Breton, adjectives usually follow the noun:

the old house	**an ti kozh**
the small boat	**ar vag vihan**

As mentioned in the section on mutations, the initial consonant of an adjective will soften following a feminine singular noun, bihan ("small") becomes vihan.

In Breton, adjectives may be used as adverbs with no change in form.

He is reading a good book.	**O lenn emañ ul levr mat.**
He reads well.	**Lenn a ra mat.**
He doesn't read well.	**Ne lenn ket mat.**

BRETON-ENGLISH DICTIONARY

Geriadur Brezhoney-Saozneg

In this section, nouns are given in the singular with the plural ending after a slash. If the plural is irregular, the entire word is given. The gender of the noun is indicated in parentheses. Collective nouns are listed with the indication "coll." in parenthesis.

Verbs are given in the infinitive. The verb base is indicated in parentheses if it is different from the infinitive. The number in parentheses behind the translation of an irregular verb tells where to find the forms in the phrasebook.

Because of limitations of space, many of the words listed in the phrasebook have not been repeated here. Among these are the numbers, most prepositions, names of the days and months, family relationships, foods, colors, vehicles, people and places. To find these, please refer to the relevant sections of the phrasebook.

One of the features of Breton is the possible mutation of the initial consonant of a word: *kalon* may become either *c'halon* or *galon*. The reader is advised to keep this in mind when looking for a word in the Breton-English section of the dictionary. The following table will help.

Instead of:

b	c'h	d	g	k	p	t	v	w	z

Try looking under:

p	k/g	t	k	g	b	d	b/m	gw	d/t

BRETON-ENGLISH DICTIONARY

If you see the words *ma c'hi* in a text. *Ma* is no problem; you will find it under **M**: "my." But if you look up *c'hi* under **C'H**, you will not find it. Next you may try **G**, but it will not be listed there either. So the last possibility is under **K**. There you will find the word *ki*, "dog." Since you know that *ma* causes a spirant mutation a following **k**, you know that you have found your word.

A

a	from
a	verbal particle
abaoe	since
abred	soon
ac'hanen	from here
adlavarout	to repeat, say again
adverenn (f.)	afternoon snack
aes	easy, easily
al	the (before l)
alc'houez/-ioù (m.)	key
alies	often
amañ	here
amanenn (m.)	butter
amzer (f.)	weather, time
an	the (before **t, d, n, h, vowels**)
anat	evident
anavezout	to know (someone)
anduilh (coll.)	sausage
ankou (m.)	legendary spirit

BRETON-ENGLISH DICTIONARY

anv/-ioù (m.)	name
aod/-où (m.)	shore, coastline
aotrou/-nez (m.)	mister
ar	the (see *al, an*)
arabat	forbidden, must not
a-raok	before
arc'hant (m.)	money
armel/-ioù (f.)	closet, cabinet
arnev/-ioù (m.)	storm
arvariñ (arvar)	to doubt
arzorn (m.)	wrist
asied (m.)	plate
aval/-où (m.)	apple
avel/-ioù (f.)	wind
a-wechoù	sometimes
azezet	seated

B

bae/-où (m.)	bay (ocean), gulf
bag (f.)	boat
bageal (bage)	to go boating, to sail
bale	to walk
bank/-où (m.)	bank
bara/-où (m.)	bread
beaj/-où (f.)	voyage, trip
beajiñ (beaj)	to travel
bec'h/-ioù (m.)	burden
beilhañ (beilh)	to stay awake

BRETON-ENGLISH DICTIONARY

bemdez	every day
bennak	about, approximately
bepred	always
berr	short
betek	until, as far as
bezañ (bez)	to be
bier (m.)	beer
bihan	small
biz/bizïed (m.)	finger
bleuñv (coll.)	flowers
blev (coll.)	hair
blevenn (f.)	one strand of hair
bloaz/-ioù (m.)	year
bolenn/-où (f.)	bowl
botoù (m.)	shoes
boued/-où (m.)	food
bourc'h (f.)	village, town
bragez (m.)	pants
bras	big
brav	beautiful, nice
Breizh (f.)	Brittany
Breizhad (m.)	a Breton man
Breizhadez (f.)	a Breton woman
bremaïg	soon
bremañ	now
breur/breudeur (m.)	brother
brezhoneg	the Breton language
bro/-ioù (f.)	country, land
buan	quick, quickly

bugel/bugale (m.)	child

CH

chom	to stay, dwell, remain
chomlec'h/-ioù (m.)	dwelling, address
chug/-où (m.)	juice

C'H

c'hoari	to play
c'hoarzin (c'hoarz)	to laugh
c'hwi	you (polite)

D

da	to
da	your (fam.)
danevellañ (danevell)	to tell, recount
dañsal (dañs)	to dance
dant/dent (m.)	tooth
danvez (m.)	contents, material
darev	ready, ripe
debriñ (debr)	to eat
dec'h	yesterday
degas	to bring
degemer (m.)	welcome, greeting
degemer	to receive

BRETON-ENGLISH DICTIONARY

dehou	right (hand)
deiz/-ioù (m.)	day
den/tud (m.)	man, person
deraouiñ (deraou)	to begin
derc'hel (dalc'h)	to hold
derc'hent	the evening before
dereout (dere)	to be fitting, suitable
deskiñ (desk-)	to learn
deskoni (f.)	education
devezh/-ioù (m.)	the whole day
diaes	difficult
dic'hoarzh	important, serious
digeriñ (diger-)	to open
digor	open
diheñchet	lost
dihunañ (dihun)	to wake up
dilhad (coll.)	clothes
dimezell/-ed (f.)	Miss, young lady
dindan	under
dizenoriñ (dizenor)	to dishonor
diskar-amzer (m.)	autumn
diskenn	to go down, descend
diskiant	crazy
disoñjal (disoñj)	to forget
distagadur (m.)	pronunciation
diwezhat	late
dleout (dle)	to be obligated
dont (deu)	to come
dor/-ioù (f.)	door

BRETON-ENGLISH DICTIONARY

dorn/-ioù (m.)	hand
Doue (m.)	God
douar/-où (m.)	land, earth, ground
dour/-ioù (m.)	water
dre chañs	fortunately
droug (m.)	illness, evil, pain
drouk	bad

E

e	verbal particle
e	his
e (en)	in
e-kichen	next to
e-barzh	inside
ebet	no, none
echuiñ (echu)	to finish
ed (coll.)	wheat
emañ	he/she/it is someplace
emwalc'hiñ (emwalc'h)	to get washed
eñ	he
enez/inizi (f.)	island
eo	he/she/it is
eoul (m.)	oil
e-pad	during
erruout (erru)	to arrive
eur/-ioù (f.)	hour
eürus	happy

BRETON-ENGLISH DICTIONARY

eus	from, out of
evañ (ev)	to drink
evezh/-ioù (m.)	attention, care
evit	for
evn/-ed (m.)	bird
ez eus	there is, there are

F

fall	bad
fardañ (fard)	to prepare
feilhañs (f.)	faïence, earthenware
fellout (fell)	to want
fenoz	tonight
foar/-ioù (f.)	fair (celebration)
formaj/-où (m.)	cheese
frazenn/-où (f.)	sentence, phrase
fred/-où (m.)	cargo
fresk	chilled
fried (m.)	husband
fritet	fried
fulor/-ioù (m.)	anger
e fulor	angry

G

Gall	French
(bro) C'hall	France
galleg	French language

BRETON-ENGLISH DICTIONARY

gallout (gall)	to be able
galvet	called (see *gervel*)
ganet	born (see *genel*)
gant	with
gar (f.)	train station
gavr-vor (f.)	shrimp
genel (gan-)	to give birth to
ger/ioù (m.)	word
gervel (galv-)	to call
gevellan (f.)	twin sister
glav (m.)	rain
glavañ (glav)	to rain
gleb	wet
glizig (coll.)	anchovies
goañv (m.)	winter
gortoz	to wait
goude	after
gouel/-ioù (m.)	holiday, feast day
goulenn	to ask
gourc'hemenn/-où (f.)	congratulations
goustadig	slow
gouzout (ouz-)	to know (something)
gwalc'hiñ (gwalc'h)	to wash
gwastell/gwastilli (f.)	cake
gweladenniñ (gweladenn)	to visit
gwell	better
gwelout (gwel)	to see, look at
gwer (coll.)	glassware
gwerenn/-où (f.)	drinking glass

BRETON-ENGLISH DICTIONARY

gwerzhañ (gwerzh)	to sell
gwetur/-ioù (f.)	car, automobile
gwiadenn/-où (f.)	spider web
gwin/-où (m.)	wine
gwir	true
gwir/-ioù (m.)	truth
gwreg (f.)	wife

H

ha, hag	and
hanter	half
hanterc'hoar (f.)	half-sister
hanternoz (m.)	midnight
hañv/-où (m.)	summer
he (hec'h)	her
hennezh	he, this fellow
henozh	tonight, this evening
hent/-où (m.)	road, route, way
hent-kev (m.)	tunnel
heol/-ioù (m.)	sun
hep	without
hepken	only
hi	she
hir	long
hiziv	today
ho (hoc'h)	your (pol.)
hoc'h/-ed (m.)	pig
holen (m.)	salt

holl	all
honnezh	she, this woman
hor (hon, hol)	our
houarn/-où (m.)	iron
huñvreal (huñvre)	to dream

I

iliz/-où (f.)	church
ijiner/-ien (m.)	engineer
int	they; they are
iskis	strange, bizarre
istor/-ioù (m.)	story, tale
itron/-ezed (f.)	lady, Mrs.
ivez	also
izel	low

J

jakedenn (f.)	sports coat, suit jacket
jedoniezh (f.)	mathematics
jentil	noble, kind, considerate
jubenniñ	to act as an interpreter

K

kador/-ioù (f.)	chair
kafe/-où (m.)	coffee
kalon (m.)	heart
kalz	a lot, much, many
kambr/-où (f.)	room
kanañ (kan)	to sing
kannañ (kann)	to hit
kaout	to have
kaozeadenn/-où (f.)	conversation
karout (kar)	to like, love
karout gwell	to prefer
karr (m.)	cart, car
karrezek	square
karr-tan (m.)	automobile
kavout (kav)	to find
kazetenn/-où (f.)	newspaper
kazh/kizhier (m.)	cat
kegin (f.)	kitchen
kelien (coll.)	flies (insects)
kemadur (m.)	modification, mutation
kemener (m.)	tailor
kemer	to take
ken...eget	as...as
kenavo	farewell!
keneil/-ed (m.)	friend, companion
keneilez/-ed (f.)	friend, companion
kentveuz/-ioù (m.)	appetizer

BRETON-ENGLISH DICTIONARY

kenvreur/kenvreudeur (m.)	associate
ker	dear, expensive
kêr (f.)	city, home
e kêr	in the city, in town
er gêr	at home
keuz (m.)	cheese
ki/chas (m.)	dog
kig/-où (m.)	flesh, meat
kig-sall	bacon
kignen (m.)	garlic
kilher (m.)	will-o-the-wisp
kilometr/-où (m.)	kilometer
klañv	ill
klask	to look for
kleiz	left (hand)
kleñved (m.)	sickness
klevout (klev)	to hear
kloc'h/kleier (m.)	bell
koan/-ioù (f.)	supper, dinner
koll	to lose
kompren	to understand
komz	to speak
koustañ (koust)	to cost
kousket (kousk)	to sleep
kozh	old
krampouezh (coll.)	crepes, pancakes
krank/-ed (m.)	crab
krañv	sick
krazenn	piece of toast

BRETON-ENGLISH DICTIONARY

krediñ (kred)	to believe
kreisteiz (m.)	noon
krenn	round
krennlavar/-ioù (m.)	proverb, saying
kuit	free; away

L

labourat (labour)	to work
labous/-ed (m.)	bird
laezh/-ioù (m.)	milk
lakaat (laka)	to put
lann/-où (f.)	moor, heath, flat land
laouen	happy, merry
lavarout (lavar/lar)	to say
lein/-où (f.)	breakfast, lunch
lenn	to read
lestr/listri (m.)	ship
leue (m.)	calf
leun	full
levr/ioù (m.)	book
liv/-ioù (m.)	color
livus	colorful
lizher/lizhiri (m.)	letter
loa (f.)	spoon
loar (f.)	moon
logod (coll.)	mice
lous	dirty
luc'hskeudenn (f.)	photograph

lur/-ioù (m.)	French franc

M

ma	my
ma	if
maez/-ioù (m.)	field, countryside
war ar maez	in the country
malizenn/-où (f.)	suitcase
mamm (f.)	mother
mantell/-où *or* mantilli (f.)	coat
mantret	wounded, sorry
mar plij	please
marc'h/kezeg (m.)	horse
marc'had/-où (m.)	market
mare/-où (m.)	time, occasion, tide
marteze	perhaps, maybe
martolod/-ed (m.)	sailor
mat	good; well
me	I
mell-droad (f.)	soccer
maen-hir/mein-hir (m.)	monolith
merenn/-où (f.)	lunch
mestr	master, teacher
meur a	several
meuz/-ioù (m.)	dish (of food)
mintin/-où (m.)	morning
mirdi/-où (m.)	museum

BRETON-ENGLISH DICTIONARY

miz/-ioù (m.)	month
moereb (f.)	aunt
moger/-ioù (f.)	wall
mont (a, ya)	to go
mont kuit	to leave
mor (m.)	sea, ocean
morzhed/-où (f.)	thigh
morzhed hoc'h	ham
mousc'hoarzhin (mousc'hoarzh)	to smile

N

na	negative command
naet	clean
nann	no
naon (m.)	hunger
ne (n')	no, not (see **ket**)
nebeut	a little
netra	nothing
neuiñ (neu)	to swim
nevez	new
nevez-amzer (f.)	spring
ni	we
nijal (nij)	to fly
nijerez/-ed (f.)	airplane
noz/-ioù (f.)	night

O

o	their
o	verbal particle
oabl (m.)	sky
ober (ra)	to do
oferenn-bred/-où p. (f.)	(Catholic) mass
ostaleri/-où (f.)	hotel, inn
ouzhpenn	more than

P

pa	when (not interrogative)
pae (m.)	pay
paeañ (pae)	to pay
paotr	boy, lad
pardon/-ioù (m.)	pardon, festival
park/-où (m.)	field
pav/-ioù (m.)	paw
pe	what, which
pedavare	when?
pegeit	how far?
pegement	how much?
pegoulz (pe + koulz, "time")	when?
pelec'h	where?
pell	far
penaos	how?

BRETON-ENGLISH DICTIONARY

penn/-où (m.)	head
peoc'h (m.)	peace
peogwir	because
perak	why?
peseurt	which?
pesk/-ed (m.)	fish
pet	how many?
petra	what?
peur (pe + eur, "hour")	when?
pignat (pign)	to go up
piv	who?
plac'h (f.)	girl
plijadur/ioù (f.)	pleasure
plijout (plij)	to please
plijus	pleasing, pleasant
poent (eo)	it's time to...
porzh/-ioù (m.)	harbor, port, yard
pounner	heavy
pourmen	to go for a walk
pred/-où (m.)	meal
prenañ (pren)	to buy
prest	ready, prepared
puñs/-où (m.)	well (for water, etc.)

R

rak	because
raklavar (m.)	foreword

rankout (rank)	to have to (must)
rannet	divided
re	too
re	the ones, those
redek	to run
reiñ (ro)	to give
reizh	tame, docile
reizhskrivadur (m.)	spelling
respont	to answer
roll/-où (m.)	list
rouanez/-ed (f.)	queen
roue/-ed (m.)	king

S

santout (sant)	to smell (something)
Saoz	English
saozneg	English language
sav-heol (m.)	sunrise; the east
sec'hed (m.)	thirst
selaou	to listen
sellout	to look at (*ouzh*)
seniñ (sen)	to ring
serret	closed
sevel (sav)	to rise
sioul	calm
siwazh	alas
sizhun/-ioù (f.)	week
skañv	light (in weight)

BRETON-ENGLISH DICTIONARY

skedus	bright, shining
skorn (m.)	ice
skouarn (f.)	ear
skrivañ (skriv)	to write
soñjal (soñj)	to think, remember
spontet	frightened, afraid
stal/-ioù (f.)	store, boutique
stekiñ (stek)	to touch
stêr/-ioù (f.)	river
studier/ien (m.)	student
sukret	sugared

T

tad (m.)	father
tailh (f.)	size, stature
talvezout (talv-)	to mean, signify
tamm/-où (m.)	piece, part
tan/ioù (m.)	fire
tañva	to taste (something)
taol (f.)	table
taol-vaen/taolioù-maen (f.)	dolmen
tapout (tap)	to catch
te	you (fam.)
te/-où (m.)	tea
ti/-ez (m.)	house
ti-debriñ (m.)	restaurant
tiegezh/-ioù (m.)	family, household

tomm	hot
tour/ioù (m.)	tower
tourist/-ed (m.)	tourist
tra/-où (m.)	thing
traezhenn/-où (f.)	beach
tre	very
tren/-ioù (m.)	train (railroad)
troad/treid (m.)	foot
trouz/-où (m.)	noise
trugarez (f.)	thanks
tud (pl. of *den*)	people, folks

U

uhel	high

V

vakañsoù (m. pl.)	vacation
vi/-où (m.)	egg

W

war	on
warc'hoazh	tomorrow
warlene	last year

Y

ya	yes
yac'h	healthy
yaouank	young
yar/yer (f.)	chicken
yec'hed/-où (m.)	health
yen	cold
yezh/-où (f.)	language

Z

zoken	(the) same
zo-mui-ken	only
zrodiñ	to spill over the top

ENGLISH-BRETON DICTIONARY

Geriadur Saozneg-Brezhoneg

A

(to be) able	gallout
about, approximately	bennak
address	chomlec'h
afraid	spontet
after	goude
airplane	nijerez, karr-nij
alas	siwazh
all	holl
also	ivez
always	bepred
anchovies	glizig
and	hag, ha
anger	fulor
(to) answer	respont
appetizer	kentveuz
apple	aval
(to) arrive	erruout
(to) ask	goulenn
associate (business)	kenvreur

ENGLISH-BRETON DICTIONARY

aunt	moereb
automobile	karr-tan
autumn	diskar-amzer
awake (to stay...)	beilhañ

B

bacon	kig-sall
bad	drouk, fall
bank	bank, arc'hanti
bay	bae
(to) be	bezañ
beach	traezhenn
beautiful	brav
because	rak, peogwir
beer	bier
before	a-raok
(to) begin	deraouiñ
bell	kloc'h
better	gwell
big	bras
bird	evn, labous
boat	bag
(to go) boating	bageal
book	levr
born	ganet
bowl	bolenn
boy	paotr
bread	bara

ENGLISH-BRETON DICTIONARY

breakfast	lein
Breton (language)	brezhoneg
Breton (man)	Breizhad
Breton (woman)	Breizhadez
bright (shining)	skedus
(to) bring	degas
Brittany	Breizh
brother	breur
burden	bec'h
butter	amanenn
(to) buy	prenañ

C

cabinet	armel
cake	gwastell
calf	leue
(to) call	gervel
called	galvet
calm	sioul
car	gwetur, karr
cargo	fred
cart	karr
cat	kazh
(to) catch	tapout
chair	kador
cheese	formaj, keuz
child	bugale

ENGLISH-BRETON DICTIONARY

chilled	fresk
church	iliz
city	kêr
clean	naet
closed	serret
closet	armel
clothes	dilhad
coat	mantell
coffee	kafe
cold (temperature)	yen
color	liv
colorful	livus
(to) come	dont
congratulations	gourc'hemennoù
contents	danvez
conversation	kaozeadenn
(to) cost	koustañ
country	bro
crab	krank
crazy	diskiant

D

(to) dance	dañsal
day	deiz
dear	ker
death	marv
death (spirit)	ankou
(to) descend	diskenn

ENGLISH-BRETON DICTIONARY

difficult	diaes
dinner	koan
dirty	lous
dish (of food)	meuz
(to) dishonor	dizenoriñ
divided	rannet
(to) do	ober (9.13)
dog	ki
door	dor
(to) doubt	arvariñ
(to) dream	huñvreal
(to) drink	evañ
during	e-pad

E

ear	skouarn
earthenware	feilhañs
(to) eat	debriñ
education	deskoni
egg	vi
engineer	ijiner
England	Bro-Saoz
English	Saoz
English (language)	Saozneg
evening	abardaez
evening before	derc'hent
every day	bemdez
evident	anat

expensive	ker

F

fair (country fair)	foar
family	tiegezh
farewell	kenavo
father	tad
feast day	gouel
festival (religious)	pardon
field	maez, park
(to) find	kavout
finger	biz
(to) finish	echuiñ
fire	tan
fish	pesk
(to) fish	pesketa
(to be) fitting	dereout
flies (insects)	kelien
flowers	bleuñv
(to) fly	nijal
folks	tud
food	boued
foot	troad
for	evit
forbidden	arabat
foreword	raklavar
(to) forget	disoñjal
fortunately	dre chañs

ENGLISH-BRETON DICTIONARY

(French) franc	lur
France	Gall, Bro C'hall
French (language)	galleg
fried	fritet
friend (female)	keneilez
friend (male)	keneil
frightened	spontet
from	a, eus
from here	ac'hanen
full	leun

G

garlic	kignen
girl	plac'h
(to) give	reiñ
(drinking) glass	gwerenn
glassware	gwer
(to) go	mont (9.14)
(to) go up	pignat
god	Doue
good	mat

H

hair	blev
(strand)	blevenn
half	hanter
half-sister	hanterc'hoar

ENGLISH-BRETON DICTIONARY

ham	morzhed hoc'h
hand	dorn
happy	eürus, laouen
harbor	porzh
(to) have	kaout (9.12)
(to) have to	rankout
he	eñ
head	penn
health	yec'hed
healthy	yac'h
heavy	pounner
(to) hear	klevout
heart	kalon
heath	lann
her (possessive)	he
here	amañ
high	uhel
his	e
(to) hit	kannañ
(to) hold	derc'hel
holiday	gouel
horse	marc'h
hot	tomm
hotel	ostaleri
hour	eur
house	ti, kêr
household	tiegezh
how	penaos
how far	pegeit

ENGLISH-BRETON DICTIONARY

how many	pet
how much	pegement
hunger	naon
husband	fried

I

I	me
ice	skorn
if	ma (mar)
ill	klañv
illness	droug
important	dic'hoarzh
in	e, en
inside	e-barzh
iron	houarn
island	enez

J

juice	chug

K

key	alc'houez
kilometer	kilometr
king	roue
kitchen	kegin

know (someone)	anavezout
know (something)	gouzout

L

lad	paotr
land	douar
language	yezh
last year	warlene
late	diwezhat
(to) laugh	c'hoarzin
(to) learn	deskiñ
(to) leave	mont kuit
left (hand)	kleiz
letter	lizher
light (bright)	skedus
light (weight)	skañv
(to) like	karout, kavout mat
list	roll
(to) listen	selaou
(a) little	nebeut
(to) live (somewhere)	chom
long	hir
(to) look at	gwelout, sellout
(to) look for	klask
(to) lose	koll
lost	diheñchet
(to) love	karout
low	izel

ENGLISH-BRETON DICTIONARY

lunch	lein, merenn

M

madam, Mrs.	itron
man	den
market	marc'had
(Catholic) mass	oferenn-bred
maybe	marteze
meal	pred
(to) mean	talvezout
meat	kig
merry	laouen
mice	logod
midnight	hanternoz
milk	laezh
miss	dimezell
mister	aotrou
modification	kemadur
money	arc'hant
month	month
moon	loar
more than	ouzhpenn
morning	mintin
mother	mamm
much, many	kalz
museum	mirdi
mutation	kemadur
my	ma

ENGLISH-BRETON DICTIONARY

N

name	anv
never	morse
new	nevez
newspaper	kazetenn
next to	e-kichen
night	noz
no	nann, n'eo ket
noise	trouz
none, not one	ebet
noon	kreisteiz
nothing	netra
now	bremañ

O

(to be) obligated	dleout
often	alies
oil	eoul
old	kozh
on	war
open	digor
(to) open	digeriñ
our	hor (hon, hol)
out of	eus

P

pancake (crêpe)	krampouezh
pants	bragez
paw	pav
pay	pae
(to) pay	paeañ
peace	peoc'h
people	tud
perhaps	marteze
person	den
photograph	luc'hskeudenn
piece	tamm
pig	hoc'h, pemoc'h
place	lec'h
plate	asied
(to) play	c'hoari
please	mar plij
(to) please	plijout
pleasing	plijus
pleasure	plijadur
preface	raklavar
(to) prefer	karout gwell
(to) prepare	fardañ
pronunciation	distagadur
proverb	krennlavar
(to) put	lakaat

ENGLISH-BRETON DICTIONARY

Q

queen	rouanez
quick, quickly	buan

R

rain	glav
(to) rain	glavañ
(to) read	lenn
ready	prest, darev
(to) receive	degemer
(to) remain	chom
(to) remember	soñjal
(to) repeat	adlavarout
restaurant	ti-debriñ
right (hand)	dehou
(to) ring	seniñ
ripe	darev
(to) rise	sevel
river	stêr
road	hent
round (shape)	krenn
(to) run	redek

S

sailor	martolod

ENGLISH-BRETON DICTIONARY

saint	sant
salt	holen
sausage	anduilh
(to) say	lavarout
sea	mor
seated	azezet
(to) see	gwelout
(to) sell	gwerzhañ
sentence	frazenn
serious	dic'hoarzh
several	meur
she	hi
ship	lestr
shoes	botoù
shore	aod
short	berr
shrimp	gavr-vor
sick	krañv
sickness	kleñved
(to) signify	talvezout, signifi
since	
	abaoe
(to) sing	kanañ
size	tailh
sky	oabl
(to) sleep	kousket
slow	goustadig
small	bihan
(to) smell (something)	santout

ENGLISH-BRETON DICTIONARY

(to) smile	mousc'hoarzin
snack (afternoon)	adverenn (f.)
soccer	mell-droad
sometimes	a-wechoù
soon	abred, bremaïg
sorry	mantret
(to) speak	komz
spelling	reizhskrivadur
spoon	loa
spring (season)	nevez-amzer
station (railroad)	gar
(to) stay	chom
store	stal
storm	arnev
story	istor
strange	iskis
student	studier
sugared, sugary	sukret
suitcase	malizenn, valizenn
summer	hañv
sun	heol
sunrise	
	sav-heol
supper	koan
(to) swim	neuiñ

T

table	taol

ENGLISH-BRETON DICTIONARY

tailor	kemener
(to) take	kemer
tame	reizh
(to) taste (something)	tañva
tea	te
teacher	mestr(-skol)
(to) tell (a story)	danevellañ
thanks	trugarez
the	ar (an, al)
their	o
they	int
thigh	morzhed
(to) think	soñjal
thirst	sec'hed
tide, time	mare
time (it's time to...)	poent
to	da
toast	krazenn
today	hiziv
tomorrow	warc'hoazh
tonight	fenoz, henozh
too	re
tooth	dant
(to) touch	stekiñ
tourist	tourist
tower	tour
town	bourc'h
(to) travel	beajiñ
true, truth	gwir

ENGLISH-BRETON DICTIONARY

tunnel	hent-kev
twin sister	gevellan

U

under	dindan
(to) understand	kompren
United States	Stadoù Unanet
until	betek

V

vacation	vakañsoù
very	tre
village	bourc'h
(to) visit	gweladenniñ
voyage	beaj

W

(to) wait	gortoz
(to) wake up	dihunañ
(to) walk	bale, pourmen
wall	moger
(to) want	fellout
(to) wash	gwalc'hiñ
(to get) washed	emwalc'hiñ
water	dour

ENGLISH-BRETON DICTIONARY

we	ni
weather	amzer
(spider) web	gwiadenn
week	sizhun
welcome	degemer
well (adverb)	mat
well (for water, etc.)	puñs
wet	gleb
what	pe, petra
wheat	ed
when	pa (not in questions); pedavare, pegoulz, peur
where	pelec'h
which	peseurt
who	piv
why	perak
wife	gwreg
will-o-the-wisp	kilher
wind	avel
wine	gwin
winter	goañv
with	gant
without	hep
word	ger
(to) work	labourat
(to) write	skrivañ
wrist	arzorn

X

x-ray	skinskeudenn (f.)
xenophobia	estrangarouriezh (f.)
xylophone	sko-prenn

Y

year	bloaz
yes	ya, eo
yesterday	dec'h
you	c'hwi (pol.), te (fam.)
young	yaouank
young lady	dimezell
your	ho/hoc'h (pol.), da

Z

zebra	roudenneg (m.)
zero	o-gwan (m.) (oioj-gwan)
(to) zigzag	kammdroiennat

BRETON PHRASEBOOK

Frazennoù e Brezhoneg

Greetings
Gourc'hemennoù

Good day (to you)!	**Demat (deoc'h)** (dé-MAT)
Good evening!	**Nozvez vat (deoc'h)!**
Hi!	**Salud (deoc'h)!**
Welcome!	**Deuet mat!** **Degemer mat!**
Welcome to Brittany!	**Deuet mat e Breizh!** **Degemer mat e Breizh!**
Mr., sir	**Aotrou**
Mrs., ma'am	**Itron**
Miss	**Dimezell**
Good day, Miss.	**Demat, Dimezell.**
How are you?	**Mont a ra mat ganeoc'h?**
Fine, thanks.	**Ya, mont a ra mat ganin.**
And you?	**Ha ganeoc'h?**

Rather well, thanks.	Mat a-walc'h, trugarez.
How's everything going?	Penaos emañ ar bed?
What's new?	Hag a nevez?
Nothing.	Netra.
How's your family?	Penaos eo da ho tiegezh?
They are fine, thanks.	Mat-tre int, trugarez.
To our health!	Yec'hed mat deomp!
Great health, even! (The health of fish!)	Yac'h-pesk zoken!

Making Acquaintances
War Arbenn Da Dud

What is your name?	Petra eo ho anv?
My name is Yann.	Yann eo ma anv.
Nice to meet you.	Plijadur eo.
The pleasure is mine.	Ar blijadur eo ganin.
Who is...	Piv eo...
that man?	an den-se?
that woman?	an itron-se
that girl?	ar plac'h-se
that boy?	ar paotr-se
That's Yann.	Yann eo.
This is...	Setu
my husband.	ma fried.
my wife.	ma gwreg.
my friend (male).	ma c'heneil.
my friend (female).	ma c'heneilez.

my associate.	ma c'henvreur.
Do you know Pierre?	Per a anavezit?
Yes, I know him.	Ya, anavezout a ran anezhañ.
No, I don't know him.	Nann, n'anavezan ket anezhañ.
Whom do you know in Brittany?	Piv a anavezit e Breizh?
I don't know anyone in Brittany.	N'anavezan den ebet e Breizh.
I know Mr. Troadeg.	An aotrou Troadeg anavezout a ran.
Do you know his address?	E chomlec'h a ouzit anezhañ?
Yes, I know it.	Ya, gouzout a ran.
No, I don't know it.	Nann, n'ouzon ket
I don't know.	N'ouzon ket.

Basic Conversations
Kaozeadennoù Ret-Holl

Goodbye (to you).	Kenavo (deoc'h)
Bon voyage!	Beaj vat!
Congratulations!	Gourc'hemennoù
Yes	Ya.
Yes, it is.	Eo.
No.	Nann.
No, it's not.	Nann, n'eo ket.
Maybe.	Marteze.
Please.	Mar plij.
Repeat that, please.	Adlavarit, mar plij.
Thanks!	Trugarez.

BRETON PHRASEBOOK

Thank you, miss.	Trugarez deoc'h, dimezell.
You're welcome.	Tra ebet a zo.
Excuse me, please.	Digarezit ac'hanon mar plij.
I'm sorry.	Mantret on.
I beg your pardon.	Trugarez.
Do you know...	
Breton?	Brezhoneg a ouzit?
French?	Galleg a ouzit?
English?	Saozneg a ouzit?
Japanese?	Japaneg a ouzit?
Esperanto?	Esperanto a ouzit?
Welsh?	Kembraeg a ouzit?
Irish?	Iwerzhoneg a ouzit?
Yes, a little.	Eo. Nebeut e ouzon.
Yes, I speak Breton,	Eo. Me a gomz brezhoneg,
but not well.	met ne gomzan ket mat.
I'm learning Breton.	Brezhoneg emaon o teskiñ.
Do you understand (me)?	C'hwi emaoc'h o kompren ac'hanon?
Yes, I understand (you).	Ya, me a gompren (ac'hanoc'h).
No, I don't understand.	Nann, ne gomprenan ket.
Your language is difficult.	Diaes eo ho yezh.
Your language is beautiful.	Plijus eo ho yezh.

Let's speak Breton.	**Komzomp brezhoneg!**
Please speak slowly.	**Komzit goustadig, mar plij.**
I don't understand that word.	**Ne gomprenan ket ar gerse**
Please write it down.	**Skrivit anezhañ, mar plij.**
Alas, I forget.	**Disoñjal a ran siwazh.**
That doesn't matter.	**N'eo ket dic'hoarzh.**

How Do You Say...?

to say	**lavarout**
How does one say "book" in Breton?	**Penaos a vez lavaret \<book\> e brezhoneg?**
How do you say "book" in Breton?	**Penaos 'vez lar \<book\> e brezhoneg?**

The second example is informal. The verb **lavar** is often shortened to **lar** in speech. The first three words, **penaos 'vez lar** sound like [pé-NOHS-vé-LAHR].

We say "levr."	**\<Levr\> a vez lavaret \<book\>.\<Levr\> 'vez lar \<book\>.**

Remember that the **v** *in* **levr** sounds like a "w" for most speakers.

How do you say "child" in Breton?	**Penaos 'vez lar \<child\> e brezhoneg?**
"Child" is "bugel."	**\<Bugel\> 'vez lar \<child\>.**
to signify, to mean	**talvezout (talv- / dalv-)**
What does "ti-debriñ" mean?	**Petra 'dalv \<ti-debriñ\>?** ('dalv stands for **a dalv**)
It means "restaurant" in French, and in English, too.	**\<Restaurant\> a dalv e gallek, hag e saozneg ivez.**

Some speakers will use the verb **signifi** in place of **talvezout: Petra signifi ti-debriñ? Talvezout** is to be preferred.

Question Words

The basic question word in Breton is *pe*, "what, which." Most other question words are built on this, such as *petra*, "what," from *pe* + *tra* ("thing"), and *pelec'*, "where," from *pe* + *lec'h* ("place"). The following sections deal with individual question words.

Who?

who	**piv**
Who is that man?	**Piv eo an den-se?**
to whom, whose?	**da biv**
To whom did you speak?	**Da biv hoc'h eus komzet?**
Whose book is this?	**Levr piv eo an hini?**

Who owns this book?	Da biv eo al levr-mañ?
Who has the book now?	Gant piv eo aet al levr bremañ?

What?

what	pe, petra
which	pe, peseurt
Which man?	Pe zen? Peseurt den?
What is this?	Petra 'zo? (Petra a zo?)
What is this thing?	Petra eo an dra-mañ?
What is that thing?	Petra eo an dra-se?
What is that over there?	Petra eo an dra-hont?
What are you doing?	Petra emaoc'h oc'h ober? Oc'h ober petra emaoc'h?
I'm speaking Breton.	O komz brezhoneg emaon.
What is he doing?	Petra emañ oc'h ober? Oc'h ober petra emañ?
He's playing soccer.	Oc'h c'hoari mell-droad emañ.
What shall we do?	Petra emaomp o vont da ober?
What's for breakfast?	Petra a vo da lein?
Coffee with milk and buttered bread.	Kafe laezh ha bara amanenn. [BAH-rah-MAHN]

Where?

where?	pelec'h
to where? to what place?	da belec'h
Where's the church?	Pelec'h emañ an iliz?
It's in the town.	E kêr emañ.
here	amañ
there	aze
over there	ahont
It's here.	Amañ emañ.
It's there.	Aze emañ.
It's over there.	Ahont emañ.
left, right	kleiz, dehou
On the left.	Da gleiz.
On the right.	Da zehou.
Where am I?	Pelec'h emaon?
You're in Brittany.	E Breiz emaoc'h.
Where is he?	Pelec'h emañ hennezh?
Where is she?	Pelec'h emañ honnezh?
Where are they?	Pelec'h emaint?
Where are we?	Pelec'h emaomp?
Where are you?	Pelec'h emaoc'h?
Where are you going?	Da belec'h ez it?
I'm going home.	D'ar gêr ez an.
Who is going home?	Piv a ya d'ar gêr?
I'm going home.	Me a ya d'ar gêr.
Where are they going?	Da belec'h ez eont?

BRETON PHRASEBOOK

To eat crepes.	**Da zebriñ krampouezh ez eont.**
hotel	**ostaleri** (f.)
Where's a good hotel?	**Pelec'h ez eus un ostaleri vat?**
restaurant	**ti-debriñ** ("house-eat," m.)
Where's a good restaurant?	**Pelec'h ez eus un ti-debriñ mat?**
Where's the lighthouse?	**Pelec'h emañ an tour-tan?**
Where's the train station?	**Pelec'h emañ ar gar? (an ti-hent-houarn?)2**

Note that **gar** (from the French **gare**, "train station") does not mutate after the article, even though it is a feminine singular noun. The term **an ti-hent-houarn**, "the house of the road of iron," is an alternative.

Where are my suitcases?	**Pelec'h emañ ma valizennoù?**
Where is there some water?	**Pelec'h ez eus dour?**
There's water in the well.	**E barzh ar puñs ez eus dour.**
Where are you from?	**Eus pelec'h oc'h?**
I was born in New York.	**Me zo ganet e New-York.**
Where were you born?	**Pelec'h c'hwi a zo ganet?**
I was born in Quimper.	**Me a zo ganet e Kemper.**
Where do you live?	**Pelec'h e chomit?**

I live in the country.	Chom a ran war ar maez.
Where do they live?	Pelec'h e chomont?
They live in Paris.	Chom a reont e Pariz.
I live in the city, too.	Me ivez, chom a ran e kêr.
I live in Rennes.	E Roazhon e choman.
Where do people speak Breton?	Pelec'h ez eus tud o komz brezhoneg?
Many people speak Breton in Lower Brittany.	E Breizh-Izel emañ kalz tud o komz brezhoneg.

When?

when	pegoulz, peur, pedavare
When is the evening celebration with singing and dancing?	Peur emañ ar fest-noz?
When is the fair?	Peur emañ ar foar?
When does the train leave?	Pegoulz mont a raio kuit an tren?
When does the boat arrive?	Pedavare ez erruo ar vag?
When does the museum open?	Peur digero ar mirdi?
When do the stores open?	Peur digeriñ a raio ar stalioù?
When is there ice on the water?	Peur e vez skorn war an dour?

| When is the marketday in Gwengamp? | Peur e vez marc'had e Gwengamp? |
| When do you like to go for walks? | Pegoulz e plij deoc'h mont da bourmen? |

If the "when" in the sentence is not interrogative, then we must use **pa + softening mutation,** as in the following answer.

When the weather is good I like to go for walks.	Pa vez brav an amzer e plij din mont da bourmen.
When will Peter come home?	Pegoulz e teuio Per d'ar gêr?
When he doesn't have any money left!	Pa ne chomo ket mui arc'hant gantañ!
When will you be coming?	Pegoulz e teuioc'h?
I will come when I am ready.	Pa vin prest e teuin.

How?

how?	penaos
How's that? I don't understand.	Penaos? Ne gomprenan ket.
You don't understand anything!	Ne gomprenit netra neuze!
What kind of a man is he?	Un den penaos eo?
how far	pegeit
How far is the village?	Pegeit emañ ar vourc'h?

About three kilometers.	Tri c'hilometr bennak emañ.
How far is Quimper?	Pegeit emañ Kemper?
About fifty kilometers.	Pemzek kilometr bennak emañ.
How far is Rennes from here?	Pegeit emañ Roazhon ac'hanen?
It's two kilometers to Rennes.	Daou gilometr a zo betek Roazhon.
How far is Quimper from Brest?	Pegeit emañ Kemper eus Brest?
It's not far by car.	N'eo ket pell gant ur c'harr.
how...	pegen
How high is it?	Pegen uhel eo?
how long (time)	pegeit (amzer)
How long are you staying in Brittany?	Pegeit amzer emaout o chom e Breizh?
I'll be here for two weeks.	E-pad div sizhun emaon o chom amañ.
For how long have you been learning Breton?	Abaoe pegeit emaoc'h o teskiñ brezhoneg?
For several months.	Abaoe meur a viz.

What Is It Like?

What's it like?	Penaos eo?
It's big.	Bras eo.
It's small.	Bihan eo.
It's short.	Berr eo.

It's long.	**Hir eo.**
It's good, very good.	**Mat eo, mat-tre.**
It's lightweight.	**Skañv eo.**
It's heavy.	**Pounner eo.**
It's expensive.	**Ker eo.**
It's too expensive.	**Re ger eo.**
It's a good buy.	**Marc'had mat eo.**
It's round.	**Krenn eo.**
It's square.	**Karrezek eo.**
It's rectangular.	**Hirgarrezek eo.** (hir, "long")
What's the tower like?	**Penaos eo an tour?**
It's high.	**Uhel eo.**
What's the lighthouse like?	**Penaos eo an tour-tan?**
It's very colorful.	**Livus eo, livus-tre.**
What's the church like?	**Penaos eo an iliz?**
It's very old.	**Kozh eo, kozh-tre.**
How's the water?	**Penaos eo an dour?**
It's cold!	**Yen eo!**
How cold is it?	**Pegen yen eo?**
As cold as ice!	**Ken yen eget skorn!**

What Kind?

What kind is it? (masc.)	**Unan penaos eo?**
What kind is it? (fem.)	**Unan benaos eo?**
What kind of cup is this?	**Unan penaos eo an tas-mañ?**
It's new.	**Un tas nevez eo.**

It's earthenware.	Tas feilhañs eo.
What kind of chair is this?	Unan benaos eo ar gador-mañ?
It's an old chair.	Ur gador gozh eo.
What's it like? (masc.)	An hini penaos eo?
It's a good one.	An hini mat eo.
What's it like? (fem.)	An hini benaos eo?
It's a good one.	An hini vat eo.
What are they like?	Re benaos int?
They're good ones.	Re vat int.
They're not good one.	N'int ket re vat.

Why?

why	perak, evit petra
because	rak, peogwir
Why are you learning Breton?	Perak emaoc'h o teskiñ brezhoneg?
Because I like it.	Rak plijout a ra din-me.
I am learning Breton because I like it.	O teskiñ brezhoneg emaon peogwir plijout a ra din-me.
Why were you afraid?	Perak spontet e oac'h?
Because you were going too fast.	Rak re vuan ez aec'h! (Rak re a vuan ez aec'h!)
Why did you call me?	Perak hoc'h eus galvet ac'hanon?

I called you because I saw a mouse.	**Galvet em eus ac'hanoc'h peogwir em eus gwelet logodenn.**
Why didn't you give her the newspaper?	**Perak n'hoc'h eus ket roet dezhi ar gazetenn?**
Because I'm still reading it.	**Rak o lenn emaon anezhi c'hoazh.**
Why did she give them money?	**Evit petra he deus roet dezho arc'hant?**
She gave them money because they worked well.	**Roet he deus dezho arc'hant peogwir en deus labouret mat.**
Why isn't he opening the door?	**Perak n'emañ ket o tigoriñ an nor?**
He's not opening the door because he doesn't have the key.	**Ne digor ket an nor peogwir n'en deus ket an alc'hwez.**
Why aren't you saying anything?	**Perak ne lavarit netra?**
I'm not saying anything because I don't speak Breton well.	**Ne lavaran netra peogwir ne gomzan ket mat brezhoneg.**
Why won't they come to see us?	**Perak ne deuint ket d'hor gwelout?**
Because they won't have a vacation until summer.	**Rak ne vo ket vakañsoù ganto betek e vo hañv.**
Why did you come late?	**Perak oc'h deuet diwezhat?**

BRETON PHRASEBOOK

I came late because I got lost.	**Diwezhat on deuet peogwir en em on bet diheñchet.**
Why aren't they eating?	**Perak ne zebront netra?**
They aren't eating because they aren't hungry.	**Ne zebront ket peogwir n'o deus ket naon.**

Do You Like...?

Do you think the crepes are good?	**Mat e kavit krampouezh?**
Do you like crepes?	**Krampouezh a gavit mat?**
Do *you* like crepes?	**C'hwi a gav mat krampouezh?**
I like crepes.	**Krampouezh a gavan mat, mat-tre.**
What don't you like?	**Petra a gavit fall?**
I don't like anchovies.	**Glizig a gavan fall.**

Numbers
An Niverennoù

The Cardinal Numbers

1	**unan**

Unan occurs alone, or before an adjective. Before a noun, we must use *ur/un/ul*.

a big one (masc.)	**unan bras**
a big one (fem.)	**unan vras**
a cat, a chair	**ur c'hazh, ur gador**
2, 3, 4	**daou, tri, pevar**

BRETON PHRASEBOOK

Two, three, and four have feminine forms: *div, teir, peder*. After *daou/div*, the voicing mutation occurs (**k g**, etc.). After *tri/teir* and *pevar/peder*, the spirant mutation occurs (**k,t,p c'h, z, f**).

one cat, two cats	**ur kazh, daou gazh**
three cats, four cats	**tri c'hazh, pevar c'hazh**
one chair, two chairs	**ur gador, div gador**
three chairs	**teir c'hador**
four chairs	**peder c'hador**
5, 6, 7	**pemp, c'hwec'h, seizh**
8, 9, 10	**eizh, nav, dek**

Note: **Nav** sounds like English "now."

The spirant mutation also occurs after *nav*:

nine cats, nine chairs	**nav c'hazh, nav c'hador**
11, 12, 13	**unnek, daouzek, trizek**
14, 15	**pevarzek, pemzek**
16, 17	**c'hwezek, seitek**
18	**triwec'h** (3x6)
19, 20	**naontek, ugent**

From 21 to 29, units precede *warn-ugent* ("on top of twenty"):

21, 22, 23, 24	**unan warn-ugent, daou warn-ugent, tri warn-ugent, pevar warn-ugent**

If the object being counted is feminine, the forms *div warn-ugent*, *teir warn-ugent*, and *peder warn-ugent* will occur. The noun will be placed after the **unit**:

twenty-three cats	**tri c'hazh warn-ugent**
twenty-three chairs	**teir c'hador warn-ugent**
25, 26, 27, 28, 29	**pemp warn-ugent, c'hwec'h warn-ugent, seizh warn-ugent, eizh warn-ugent nav warn-ugent**

After 30, units precede the tens, and are connected by *ha* ("and"):

30, 31, 32	**tregont, unan ha tregont, daou ha tregont**
40	**daou-ugent** (2 × 20)
50	**hanter-kant** (1/2 of 100)
60	**tri-ugent** (3 × 20)
43 fish	**tri fesk ha daou-ugent**
56 apples	**c'hwec'h aval ha hanter-kant**
64 chairs	**peder gador ha tri-ugent**
67 books	**seizh levr ha tri-ugent**

You will have noticed that nouns used after numbers are in the singular:

three chairs	**teir c'hador**
twenty persons	**ugent den**

Remember, in mixed numbers, the unit precedes the ten. If there is a noun, this occurs just after the unit, and is of course in the singular:

| Twenty-two books are in my bag. | **Daou levr warn-ugent a zo em sac'h.** |
| I bought thirty-five apples. | **Prenet am euz pemp aval ha tregont.** |

The seventies continue with *tri-ugent* (60), and give us another chance to use the numbers from eleven to nineteen.

70	**dek ha tri-ugent** (10 + [3x20])
71	**unnek ha tri-ugent**
72	**daouzek ha tri-ugent**
78	**triwec'h ha tri-ugent**

The eighties and nineties use the numbers one through nineteen with *pevar-ugent* (4 x 20).

80	**pevar-ugent**
85	**pemp ha pevar-ugent**
a franc (French money)	**ul lur** (m.); pl. **lurioù**
89 francs (89F)	**nav lur ha pevar-ugent**
90	**dek ha pevar-ugent**
98 francs (98F)	**naontek lur ha pevar-ugent**
100	**kant**
around a hundred	**war-dro kant**
more than a hundred	**ouzhpenn kant**
200, 300, 400	**daou gant, tri c'hant, pevar c'hant**

Note: It is not unusual to hear *daou-c'hant* for *daougant*.

500, 600, 700	pemp kant, c'hwec'h kant, seizhkant
800, 900	eizh kant, nav c'hant
1,000	mil
1,047	mil seizh ha daou-ugent
2,000	daou vil
3,000	tri mil

Mil is considered a noun, and so will occur after the unit part of the number.

35,000	pemp mil ha tregont
95,582 francs	pemzeg mil lur ha pevar-ugent, pemp kant daou ha pevar-ugent
one million	milion, milmiliad
one billion	miliard

The Ordinal Numbers

first	kentañ
the first (m.)	ar c'hentañ
the first (f.)	ar gentañ
lesson	kentel (f.)
the first lesson	kentañ kentel
the first lesson	ar gentel gentañ
You (f.) are the first and I am the second.	Ar gentañ emaoc'h, ha an eil emaon.
second	eil
third	trede

the third (m.)	**an trede**
the third (f.)	**an teirvet**

After these numbers, the ordinals are formed with the suffix -*vet*.

fourth	**pevarvet, pedarvet**
the fourth (m.)	**ar pevarvet**
the fourth (f.)	**ar bedarvet**
fifth, sixth, seventh	**pempvet, c'hwec'hvet, seizhvet**
eighth, ninth, tenth	**eizhvet, navet, dekvet**
eleventh	**unnekvet**

A Few Fractions

one-half	**hanter**
Give me half.	**Roit an hanter din-me.**
one-third	**an drederenn**
one-quarter	**ar c'hard**
three quarters	**an dri-c'hard**

How Much? How Many?

How much?	**Pegement?**
How many...?	**pet** (followed by a *singular* noun)
How much does it cost?	**Pet koustañ a ra?**
How much is it?	**Pet eo?**
How much is a room?	**Pegement eo ur gambr?**

BRETON PHRASEBOOK

How much is a room in francs?	**Pet lur a goust ur gambr?**
How much is that in dollars?	**Pegement e vefe gant dollared amerikan?**
How much did you pay for your coat?	**Pegement hoc'h eus paeet ho mantell?**
I forget how much I paid.	**Disoñjal a ran pegement em eus paeet.**
How many flowers are you buying?	**Pet bleuñv a brenit?**
How old is he?	**Pet vloaz eo?**
How old will you be?	**Pet vloaz e voc'h?**
How much milk is there?	**Pegement laezh a zo?**
How many fingers on one hand?	**Pet biz a zo war an dorn?**
How many glasses are on the table?	**Pet gwerenn a zo war an daol?**
How many people are in the house?	**Pet den a zo en ti?**
A lot.	**Kalz.**
There are a lot.	**Kalz den a zo.**
No one is in the house.	**Den ebet a zo en ti.**
How many children do you have?	**Pet bugel a zo ganeoc'h?**
We have two children.	**Daou vugel a zo ganeomp.**
How many months are in a year?	**Pet miz a vez en ur bloaz?**
There are twelve months.	**Daouzek miz a vez.**

BRETON PHRASEBOOK

How many days are in a week?	Pet deiz a vez en ur sizhun?
There are seven days.	Seizh deiz a vez.
How many days were you in Paris?	Pet devezh e chomec'h e Pariz?
I was in Paris only five days.	Pemp devezh hepken e chomen e Pariz.
How many paws does a cat have?	Pet pav en deus ur c'hazh?
A cat has four paws.	Pevar fav en deus ur c'hazh.
How many fish did Yann catch?	Pet pesk a zo bet tapet gant Yann?
He caught four or five.	Pevar pe bemp a zo bet tapet gantañ.

Time
An Eur

hour	eur (f.)
What time is it?	Pet eur eo?
It's six o'clock.	C'hwec'h eur eo.
It's two o'clock.	Div eur eo.
It's three o'clock.	Teir eur eo.
It's four o'clock.	Peder eur eo.
We left at 2:30.	Da ziv eur hanter omp aet en hent.
We arrived at 3:15.	Da deir eur ha kard oamp erru.
It's five after six.	C'hwec'h eur ha pemp eo.

BRETON PHRASEBOOK

It's quarter after six.	C'hwec'h eur ha kard eo.
It's half past six.	C'hwec'h eur hanter eo.
It's not yet half past eight.	N'eo ket c'hoazh eizh eur hanter.
It's only eight fifteen.	Eizh eur ha kard eo hepken.
It's twenty of seven.	Seizh eur nemet ugent eo.
It's quarter of seven.	Seizh eur nemet kard eo.
It's ten of seven.	Seizh eur nemet dek eo.
At what time is dinner tonight?	Da bet eur emañ ar goan fenoz?
At what time is dinner usually?	Da bet eur e vez ar goan?
When is mass?	Da bet emañ an oferenn-bred?
Mass is at eight and ten.	Da eizh eur ha da zek eur emañ an oferenn-bred.
at dawn	da vare sav-heol
At dawn we'll have breakfast.	Da vare sav-heol e vo debret al lein ganeomp.
noon	kreisteiz
At noon we have lunch.	Da greisteiz e vo debret r verenn ganeomp.
A two we'll go for a walk.	Da ziv eur mont da bourmen a raimp.
a quarter before noon	kreisteiz nemet kard

ten before noon	**kreisteiz nemet dek**
at eight	**da eizh eur**
We'll have dinner at eight this evening.	**Da eizh eur e vo debret ar goan ganeomp fenoz.**
midnight	**hanternoz**
half past midnight	**hanternoz hanter**
five after midnight	**hanternoz ha pemp**
just before noon	**a-raok kreisteiz**
after noon	**goude kreisteiz**
the afternoon	**an endervezh**
morning	**mintin (m.), beure (m.)**
night, evening	**noz (f.); pl. nozioù**

Days, Months, Holidays
Deizioù, Mizioù, Gouelioù

Monday	**dilun**
on Monday	**d'ar lun**
Tuesday	**dimeurzh**
on Tuesday	**d'ar meurzh**
Wednesday	**dimerc'her**
on Wednesday	**d'ar merc'her**
Thursday	**diriaou**
on Thursday	**d'ar yaou**
Friday	**digwener**
on Friday	**d'ar gwener**
Saturday	**disadorn**
on Saturday	**d'ar sadorn**
Sunday	**disul**

BRETON PHRASEBOOK

on Sunday	**d'ar sul**
a day	**deiz (m.); pl. deizioù**
all day long	**un devezh (m.)**
a week	**ur sizhun (f.)**
all week long	**ur sizhunvezh**
a month	**ur miz (m.); pl. mizioù**
all month long, a whole month	**ur mizvezh**
a year	**ur bloaz (m.); pl. bloazioù**
all year long	**ur bloavezh (m.)**
January	**miz Genver**
February	**miz C'hwevrer**
March	**miz Meurzh**
April	**miz Ebrel**
May	**miz Mae**
June	**miz Mezheven**
July	**miz Gouere**
August	**miz Eost**
September	**miz Gwengolo**
October	**miz Here**
November	**miz Du**
December	**miz Kerzu**
the first of May	**ar c'hentañ a viz Mae**
the second of November	**ar eil a viz Du**
the third of July	**an dri a viz Gouere**
What's the date today?	**Ar bet emaomp hiziv?**

It's the fifth of October.	**Ar bemp a viz Here emaomp.**
On the tenth, we'll be in Finistère.	**D'ar dek a viz here, ni a vo e Penn-ar-Bed.**
Days are short in January.	**Berr e vez an deizioù e miz Genver.**
Days are long in July.	**Hir e vez an deizioù e miz Gouere.**
On what date will you arrive?	**D'ar bet e teuioc'h?**
I will arrive on the sixth.	**D'ar c'hwec'h e teuin.**
Mardi Gras often falls in February.	**Alies e vez Meurlarjez e miz C'hwevrer.**
today	**hiziv**
tomorrow	**warc'hoazh**
yesterday	**dec'h**
the day after tomorrow	**an deiz goude warc'hoazh**
the day before yesterday	**derc'hent dec'h**
the eve before	**derc'hent**
last year	**warlene**
Christmas	**Nedeleg**
Merry Christmas	**Nedeleg laouen!**
Happy New Year (to you)	**Bloavezh mat (deoc'h)!**

Mardi Gras	**Meurlarjez (meurzh + larjez, "cooking fat"), Meurzh-Ened (ened, "carnival")**
April Fool's Day	**Pesk-Ebrel**
Easter	**Pask**
holiday, holy day	**gouel (m.); pl. goulioù**
Corpus Christi (holiday)	**Gouel-Doue, Gouel-ar-Sakramant**
Candlemas	**Gouel-Maria-ar-Goulou**
Feast of the Assumption	**Gouel-Maria-Hanter-Eost**
Saint Michael's Day	**Gouel-Mikael**
Saint John's Day	**Gouel-Yann**
religious festival	**pardon (m.); pl. pardonioù**

The Weather
An Amzer

Weather is always something to talk about, especially in Brittany, where changes are frequent!

the weather	**an amzer (f.)**
bad weather	**amzer fall**
good weather	**amzer gaer, amzer vrav**
rain	**ar glav (m.)**
wind	**an avel (f.)**
snow	**an erc'h (m.)**

BRETON PHRASEBOOK

sun	**an heol (m.)**
cold	**yen**
hot	**tomm**
The weather is fine.	**Amzer vrav a zo. Brav eo an amzer.**
The weather is bad.	**Amzer fall a zo.**
The weather will be bad.	**Amzer fall a vo.**
The weather was bad.	**Amzer fall a oa.**
The weather was really bad!	**Fall oa an amzer, fall-tre!**
The weather was bad yesterday.	**Fall e oa an amzer dec'h. Dec'h e oa an amzer fall.**
Fortunately, the weather will be fine tomorrow.	**Dre chañs e vo brav an amzer warc'hoazh.**
How's the weather today?	**Penaos eo an amzer hiziv?**
How was the weather yesterday?	**Penaos e oa an amzer dec'h?**
What will the weather be tomorrow?	**Penaos e vo an amzer warc'hoazh?**
The weather's cold.	**An amzer a zo yen.**
It's cold!	**Yen eo (an amzer)!**
The weather's hot.	**An amzer a zo tomm.**
It's hot!	**Tomm eo (an amzer)!**
The weather was/will be cold.	**An amzer a oa/a vo yen.**
It was/will be cold.	**Yen e oa/e zo (an amzer).**

BRETON PHRASEBOOK

It was/will be hot.	**Tomm e oa/e vo (an amzer).**
summer	**an hañv (m.)**
It's hot in summer.	**Tomm e vez en hañv.**
The sun is warm.	**Tomm eo an heol.**
winter	**ar goañv (m.)**
It's cold in winter.	**Yen e vez er goañv.**
It freezes often.	**Skorn a ra alies.**
autumn	**an diskar-amzer (m.)**
It's windy in autumn.	**Avel a zo en diskar-amzer.**
spring	**an nevez-amzer (f.)**
It's nice in spring.	**Brav eo er nevez-amzer.**
Will it be sunny today?	**Hiziv eo heol?**
Yes, it'll be sunny today.	**Ya, heol a zo hiziv.**
No, it won't be sunny.	**Nann, n'eo ket heol hiziv.**
Will it be windy today?	**Avel a zo hiziv?**
Yes, it's windy now.	**Ya, bremañ eo avel.**
It's very windy today.	**Avel vras a zo hiziv.**
No, there's no wind.	**Nann, n'eus ket avel.**
It was windy yesterday.	**Avel a oa dec'h.**
It'll be windy soon	**Bremaïg e vo avel.**
Will it rain today?	**Glav a vo ganti hiziv?**

Note: Ganti ("with her") refers to *amzer*, a feminine noun.

Is it going to rain?	**Glav a raio?**
It's raining.	**Glav a ra.**
It was raining.	**Glav a rae**
It will rain this evening.	**Glav a raio henozh.**
It's a rainy day.	**Glav a zo ganti hiziv.**
Is it going to snow tonight?	**Erc'h a raio henozh?**
It's going to snow.	**Emañ o vont d'ober erc'h.**
It's snowing now.	**Bremañ e ra er'ch.**
It's snowing.	**Erc'h a ra.**
There's no snow in Quimper.	**N'eus ket erc'h e Kemper.**
There's no rain in Brest.	**N'eus ket glav e Brest.**
There's no sun in Vannes.	**N'eus ket heol e Gwened.**
There's sun in Paris.	**Heol a zo e Pariz.**
There's mist today.	**Brumenn a zo hiziv.**
It's more of a fog!	**Latar eo kentoc'h!**
drizzle, dew	**glizh (coll.)**
It's not raining, there's just a drizzle.	**Ne ra ket glav, glizh a zo hepken.**
storm	**arnev (m.)**
There was a big storm yesterday.	**Dec'h e oa un arnev bras.**
thunder	**kurun (m. or f.)**
There was thunder.	**Kurun a oa.**
lightning	**luc'hed (coll.)**

BRETON PHRASEBOOK

And there was lightning.	Ha luc'hed a oa.
clouds	koumoul (coll.) -ar c'houmoul; sing. ur goumoulenn; pl. ur c'houmoulennoù (individual clouds)
It's cloudy today.	Koumoul emañ oc'h ober hiziv.
The clouds are low.	Izel eo ar c'houmoul.
There's a pretty cloud!	Setu ur goumoulenn vrav!
the moon	al loar (f.)
The moon is out.	Loar a zo.
the stars	ar stered (coll.); sing. ar steredenn (f.)
the stars are out	Stered a zo.
Which star is that red one?	Peseurt steredenn a zo an hini ruz?
That's not a star.	N'eo ket steredenn!
That's a planet!	Ur planedenn a zo!
Which star is that big yellow one?	Peseurt steredenn a zo an hini vras velen?
I don't know. Ask Yann.	N'ouzon ket. Goulennit ouzh Yann.
the sky	an oabl (m.)
The sky is blue today.	Glas eo an oabl hiziv.

The sky is usually blue when the weather is good.	Glas e vez an oabl pa brav eo an amzer.
It's midnight and the stars are bright.	Hanternoz eo ha skedus eo ar stered.
low	izel
the sea	ar mor (m.)
The tide is out.	Izel eo ar mor.
almost	kazi
every day	bemdez
The weather is bad in the English Channel almost every day.	Kazi bemdez fall e vez an amzer e Mor-Breizh.
Fortunately, there's a tunnel under the Channel now.	Dre chañs bremañ ez eus un hent-kev dindan ar Mor-Breizh.
One can travel from Paris to England by train.	Dre tren e c'haller beajiñ euz Paris betek Bro-Saoz.
a picnic	ur pred war ar maez ("a meal in the country")
When the weather's nice, let's go on a picnic.	Pa brav e vo an amzer, deomp da zebriñ pred war ar maez.
the Zodiac	Kambroù-an-Heol ("the rooms of the sun")
constellation	steredeg (f.); pl. steredegoù

the Big Dipper	**Karr-Arzhur** ("Arthur's cart") / **Karr-kamm** ("the crooked cart")
the Little Dipper	**Karr-kamm-bihan**
the Pleiades	**Ar Seizhsteredennad** ("the seven stars")
Orion	**An Hemolc'her** ("the hunter")
horoscope	**taolenn-blanedenn (f.) -un daolenn-blanedenn; pl. taolioù-planedenn**
Time goes by fast!	**An amzer a dremen buan.**
Yes, time goes by too fast!	**Ah ya, an amzer a dremen re vuan.**

Little Words
Gerioùigoù

Sometimes, just one word, spoken in the right place, can give the appearance of fluency.

also, too	**ivez**
me, too	**me ivez**
thus, so	**'ta (eta)**
a little	**un tammig**
a little further on	**un tammig pelloc'h**
well! (surprise)	**dal!**
at home	**er gêr**
in the country, outside	**war ar maez**

BRETON PHRASEBOOK

well (but on the other hand)	ma!
alas	siwazh
only	hepken
I had only three books.	Tri levr hepken am boa.
perhaps, maybe	marteze
there's no way to...	n'eus ket tu da...
still	c'hoazh
then	neuze
listen!	Selaou! (fam.) Selaouit!
look!	Sell! (fam.) Sellit!
wait!	Gortoz! (fam.) Gortozit!
over there	du-se, eno
at our place	du-mañ
very	-tre
very big	bras-tre
very good	mat-tre
already	dija
too	re, re a
enough	awalc'h
Is it big enough?	Bras eo awalc'h?
again	adarre, en-dro
always	atav
never	morse
never before	morse c'hoaz
any way at all	forzh penaos
often	alies [ah-LEE-és]

soon	**tuchantik**
suddenly	**a-greiz-holl**
early	**abred**
something	**un dra bennak**
somewhere	**un tu bennak**
sometimes	**a-wechoù**
everything	**pep tra**
nothing	**netra**
immediately	**diouzhtu**
especially	**dreist-holl**
doubtlessly	**emichañs**
like that	**e-giz-se**

Exclamations and Salty Language
Estlammadelloù ha Yezh ar Straedoù

hey!	=Oho!
bah!	Bo!
watch out!	Lec'h! Diwall!
bravo!	Brav!
well, what do you know!	Dal! Dal 'ta!
tarnation!	Gurun! Kurun!

We may add **'ta** to all of the above expressions for further emphasis.

hang in there!	Dalc'h mat!
so what do you expect?	Ha neuze?
thank God!	A drugarez Doue!

BRETON PHRASEBOOK

until the next time	**kenavo emberr**
until tomorrow	**kenavo warc'hoaz**
so long for good	**kenavo ar Baradoz**

The widely-known **kenavo** is from the expression **ken a vo**, "until it may be."

thunder (cannon shots)	**kurun**
thunderation!	**Boull c'hurun! Mil boull c'hurun!**

Another hallmark of Breton is the use of colorful expressions.

divided	**rannet**
My heart was broken.	**Rannet e oa ma c'halon.**
open	**digor**
I have a good appetite.	**Digor eo ma c'halon.**
burden	**bec'h**
You are responsible.	**Bec'h a zo warnoc'h.**
I am responsible.	**Warnon eo bet lakaet ar bec'h.** (On me has been put the burden.)
You don't have to try so hard!	**N'eo ket ret deoc'h ober kement-se a vec'h.** (It is not necessary for you to make such a burden.)
peace	**peoc'h**
Sh!	**Peoc'h!**
Be quiet.	**Roit peoc'h.** (Give peace.)

Remain silent.	**Chomit peoc'h.**
last furrow in a field	**talar**
Our vacation is over.	**Hor vakañsoù emañ war o zalaroù.** (Our vacation is at its last furrow.)
His work is done.	**E labour emañ war e dalaroù.**

And of course Breton has a wealth of expressions which are considered a bit rough for polite situations. We give just a light sampling of these.

flatulence	**bramm (m.)**
Flatulence without noise or force is pointless.	**Bramm hep trouz na c'hwezh a zo labour difrouez!**
a flatulent person	**brammer (m.)**
That slacker is always in the bar.	**Ar brammer-se a vez atav en davarn.**
to make love	**c'hoari koukou**
They were making love when we arrived at home.	**O 'hoari koukou emaint pa erruet omp er gêr.**
excrement	**kaoc'h**
Excrement of a black dog!	**Kaoc'h ki du!**
drunk	**mezv** [MÉ-zuh]
He was drunk as a parish priest.	**Mezv a oa evel ur person.** (That is, drunk, but maintaining a certain dignity.)
urine	**stot**

BRETON PHRASEBOOK

This coffee is not strong enough!	**N'eo ket kafe, met stot marc'h eo!** ("That's not coffee, but horse urine!")

Ordering Food and Drinks
O C'houlenn da Zebriñ ha da Evañ

The names of the various meals are among the least standardized in Breton. In general, the following will be understood:

t	**dijuniñ (m.)** or **lein (f.)**
lunch	**lein (f.)** or **merenn (f.) - ar verenn**
afternoon snack	**merenn** or **adverenn (f.)**
dinner	**koan (f.) -ar goan**
a meal	**pred (m.); pl. predoù**
Come to the table!	**Ouzh taol!**
hors-d'oeuvres	**kentveuz (m.), pl. kentveuzioù**
What kind of appetizers are there?	**Peseurt kentveuz ez eus?**
meal one week after the death of someone	**lein-eizhtevezh**
meal one year after the death of someone	**lein-servij**
on the table	**war an daol**
the menu	**ar roll-meuzioù**

BRETON PHRASEBOOK

What's on the menu today?	**Peseurt meuz emañ war ar roll-meuzioù hiziv?**
a dish (on the menu)	**ar meuz, ar meuz-boued**
fork	**fourchetez (f.); pl. fourchetezioù**
There are no forks on the table.	**N'eus ket fourchetez war an daol.**
spoon	**loa (f.); pl. loaioù**
knife	**kontell (f.) - ur gontell; pl. kontilli - ar c'hontilli**
Give me two knives, please.	**Roit din div gontell, mar plij.**
Would you be so kind as to give me a spoon and a fork?	**Plijout a rafe deoc'h da roiñ din-me ul loa ha ur fourchetez?**
cup	**tas (m.); pl.tasoù; tasenn (f.) - un dasenn; pl. tasennoù**
a cupful	**un tasad (m.); un dasennad (f.)**
Would you like a cup of tea?	**Plijout a rafe deoc'h un dasennad te?**
Yes, I would.	**Eo, plijout a rafe din.**
saucer	**pladennig (f.) - ur bladennig; pl.pladennoùigoù**
Do you have a saucer?	**Ur bladennig a zo ganeoc'h?**

The saucers are in the cabinet.	En armel emañ ar pladennoùigoù.
glasses	gwer (coll.);
a glass	gwerenn (f.) - ur werenn
plate	asied (m.); pl. asiedoù
bowl	bolenn (f.) - ur volenn; pl. bolennoù
a bowl of soup	Ur bolennad soubenn
two bowls of soup	div volennad soubenn
napkin	serviedenn (f.) [sehr-vee-É-denn]
a white napkin	ur serviedenn wenn
a small napkin	ur serviedenn vihan
This napkin is dirty.	Lous eo ar serviedenn-mañ.
Is that napkin clean?	Naet eo ar serviedenn-se?
No, it's not clean.	Nann, n'eo ket naet.
things to drink	traoù da evañ
Waiter! Come here, please!	Aotrou, deuit, mar plij.
Waitress!	Itron!
a drop	ur banne
I'll have (some)_____.	Ur banne_____am bo.
wine	gwin
red wine, white wine	gwin ruz, gwin gwenn

bottle	boutailh (f.), pl. boutailhoù
I'll have a bottle of red wine, please.	Ur voutailh gwin ruz am bo, mar plij.
cider	sistr
Three bottles of cider, please.	Teir boutailh sistr, mar plij.
beer	bier (m.)
five bottles of beer	pemp botailh vier
Bring three glasses, please.	Degasit teir gwerenn, mar plij.
(cold) milk	laezh (fresk)
buttermilk	laezh-ribod
(cold) water	dour (fresk)
fruit juice	chug-frouezh (m.)
orange juice	chug-orañjez
tea	te (m.)
tea with lemon	te gant sitroñs (m.)
tea with milk	te gant laezh, te-laezh
coffee	kafe (m.) - ur c'hafe
Two teas and a coffee, please.	Daou de hag ur c'hafe, _mar plij.
Is your tea hot?	Tomm eo ho te? (pol.) Tomm eo da de? (fam.)
My tea is too hot!	Re a domm eo ma ze!(Re domm eo ma ze!)
Wait a bit.	Gortosit 'ta!
This tea is cold.	Yen eo an te-mañ.

And it is without lemon.	**Ha hep sitroñs eo.**
(hot) chocolate	**chokolad**
lemonade	**sitroñsadez (f.)**

Now we can order something to eat! And when we think of Brittany, we think of crêpes, **krampouezh** in Breton. These are thin buttery pancakes, served either unsweetened (**krampouezh ed-du**) and stuffed as a main course, or sweetened (**krampouezh gwiniz**) as a dessert.

crêpes	**krampouezh (coll.)**
a crêpe	**ur grampouezhenn (f.)**
restaurant specializing in crepes	**un ti-krampouezh, ur grampouezherezh (f.)**
Where's a good restaurant specializing in crêpes?	**Pelec'h emañ un ti-krampouezh mat?**
crêpes stuffed with sausage and cheese	**krampouezh (ed-du) gant anduilh ha formaj**
crêpes stuffed with eggs and ham	**krampouezh gant vioù ha morzhed hoc'h**
crêpes with fried apples	**krampouezh (gwiniz) gant avaloù fritet**
crêpes with powdered sugar	**krampouezh sukret**

No matter how many crêpes you make, there will always be a last one. In Breton, this is called **krazenn**

BRETON PHRASEBOOK

("grilled, dried out"). The same word is used for the last child born into a family!

egg	ur vi (m.); pl. vioù
bacon and eggs	vioù gant kig-sall
omelette	alumenn, alumenn-vioù (f.); pl. alumennoù-vioù
omelette with cheese	alumenn gant formaj
omelette with tomatoes, onions and sausage	alumenn gant tomatezenn, ognonenn hag anduilh
toast	bara kras (m.) / krazenn (f.) - ur grazenn; pl. krazennoù - ar c'hrazennoù
tartines (French-style buttered toast)	bara-hag-amanenn, bara-amanenn

No matter which way these terms are spelled, they are pronounced "BAH-rah-MAHN."

Bring some tartines, please.	Degasit bara-hag-amanenn, mar plij.
things to eat	traoù da zebriñ
food	boued (m.); pl. bouedoù
a piece of	un tamm
a little bit of	un tammig
meat	kig (m.) - ar c'hig
some meat	un tamm kig
beef	kig ejen
veal	kig leue

pork	**kig pemoc'h**
chicken	**kig yar**
rabbit	**kig konikl**
some fish	**un tamm pesk**
a fish	**ur pesk (m.) / ur beskedenn (f.)**
mussels	**meskl (coll.); sing. mesklenn (f.) - ur vesklenn**
mussels cooked in beer	**meskl gant bier**
crab	**krank (m.) - ur c'hrank; pl. kranked - ar c'hranked**
shrimp	**gavr-vor (f.)** [GOWR-vor] **- ar c'havr-vor; pl. gevr-mor** [GEWR-mor] (from *gavr*, "goat" + *mor*, "sea")
spiny lobster, langouste	**grilh-vor (m.); pl. grilhed-mor**
crayfish	**grilh-douar (m.); pl. grilhed-douar** (both of the above from *grilh*, "cricket" + *mor*, "sea" or *douar*, "land")
lobster	**legestr (m.); pl. ligistri**

The names of many fruits and vegetables in Breton have the **collective plural** as their base-form. From this,

BRETON PHRASEBOOK

a **singulative** is formed by adding **-enn**. The resulting form is **feminine** and may also form a further plural in **-ennoù** which considers each piece of fruit or vegetable as an individual in the group.

vegetables; a vegetable	**ar legumaj; ur legumajenn**
asparagus; a stalk of asparagus	**asperjuz; ur asperjuzenn**
cabbage; a head of cabbage; heads of cabbage	**kaol (ar c'haol); ur gaolenn; ar c'haolennoù**
cauliflower; a head of cauliflower; heads of cauliflower	**ar c'haol-fleur; ur gaolenn-fleur; ar c'haolennoù-fleur**
carrots; one carrot; individual carrots	**karotez (ar c'harotez); ur garotezenn; ar c'harotezennoù**
celery; a stalk of celery	**ach-liorzh; ur achenn-liorzh**
cucumbers; one cucumber; individual cucumbers	**kokombrez (ar c'hokombrez); ur gokombrezenn; ar c'hokombrezennoù**
lettuce; a head of lettuce; heads of lettuce	**letuz; ur letuzenn; ar letuzennoù**
mushroom; mushrooms	**kabell-touseg (ar c'habell-touseg); ar c'habelloù-touseg**
onions; an onion	**ognon; un ognonenn**
an onion; onions	**un penn-ognon; pennoù-ognon**
peas; one pea	**ar piz (-munut); ur pizenn (-vunut)**

peppers; a pepper	pebr-Spagn; ur bebrenn-Spagn
potato; potatoes	aval-douar (m.); avaloù-douar
fried potatoes	avaloù-douar fritet
some fish with fried potatoes	un tammig pesk gant avaloù-douar fritet
rice; a grain of rice; grains of rice	riz; ur rizenn; rizennoù
spinach; a leaf of spinach	pinochez; ur binochezenn
string beans; one string bean	fav-munut; ur favenn-vunut; fav-glas; ur favenn-c'hlas
tomatoes; one tomato; individual tomatoes	tomatez; ur domatezenn; ar tomatezennoù
Do you like rice?	C'hwi a gav mat riz?
Is it spinach you like?	Pinochez eo a gavit mat?
I like rice.	Me a gav mat riz.
I like rice a lot!	Riz eo a gavan mat-tre!
Do you prefer peas or beans?	C'hwi a gar gwell piz eget fav-munut?
I prefer peas.	Piz eo a garan gwell.
I prefer potatoes to rice.	Me a gar gwell avaloù-douar eget riz.
fruit; a piece of fruit	frouezh (coll.); frouezhenn (f.)

BRETON PHRASEBOOK

apple	un aval (m.); pl. avaloù
grapefruit	un aval-ar-baradoz; pl. avaloù-ar-baradoz
melon	un aval-sukrin; pl. avaloù-sukrin
pineapple	un aval-anana; pl.avaloù-anana
lemon	ur sitroñs (m.); pl.sitroñsoù / ur suraval (m.); pl. suravaloù
bananas; a banana; bananas (as individual fruits)	ar bananez; ur vananezenn; ar bananezennoù
cherries; a cherry; individual cherries	kerez (ar c'herez); ur gerezenn; ar c'herezennoù
grapes; a grape; individual grapes	rezin; ur rezinenn; ar rezinennoù
oranges; an orange; individual oranges	ar orañjez; un orañjezenn; an orañjezennoù
peaches; a peach; individual peaches	ar pechez; ur bechezenn; ar pechezennoù
pears; a pear; individual pears	per; ur berenn; ar perennoù
strawberries; a strawberry; individual strawberries	ar frez; ur frezenn; ar frezennoù
I like strawberries.	Me a gav mat frez.

BRETON PHRASEBOOK

But I don't like pears.	Met ne gavan ket mat per. (Per a gavan fall.)
Do you prefer oranges or peaches?	C'hwi a gar gwell orañjez eget pechez?
It's peaches I prefer.	Pechez eo a garan gwell.
dessert	dibenn-pred (m.); dibennoù-pred
Would you like some dessert?	C'hwi a gavfe mat un dibenn-pred?
Yes! What kind of dessert is there?	Ya, gwir! Peseurt dibenn-pred ez eus?
cake	gwastell (f.) - ur wastell; pl. gwastilli, gwestell, gwastelloù
a piece of cake	un tamm gwastell
ice cream	dienn-skorn (m.)
chocolate ice cream	dienn-skorn gant chokolad
pies; a pie	tartez; ur dartezenn
an apple pie	ur dartezenn gant avaloù
I'll have a small piece of cake then.	Un tammig gwastell am bo neuze.
I don't want any dessert.	Ne fellan ket da zebriñ dibenn-pred ebet.
Don't eat dessert if you wish.	Na zebrit ket dibenn-pred, ma fell deoc'h.

other foods	bouedoù all
butter	amanenn (pronounced "ah-MAHN")
margarine	margarin (m.)
bread	bara (m.); pl. baraoù;
cheese	formaj (m.); pl. formajoù / keuz (m.)
honey	ar mel (m.)
salt	holen (m.); pl. holenoù
pepper; a peppercorn; peppercorns	pebr; ur bebrenn; ar pebrennoù
oil	eoul (m.); pl. eoulioù
olive oil	eoul-oliv
mustard	sezo (m.)
sugar	sukr (m.); pl. sukroù
garlic; a clove of garlic; cloves of garlic	kignen (ar c'hignen); ur gignenenn; ar c'hignenennoù
vinegar	gwinegr (m.)
salad	ur saladenn (f.)

The Family
Ar Familh

father	tad; pl. tadoù
dad	tadig

My dad speaks French.	Ma zadig a gomz galleg.
mother	mamm; pl. mammoù
mom	mammig
Yvonne is a good mother.	Ur vamm vat eo Ivona.
grandfather	tad-kozh; pl. tadoù-gozh
grandmother	mamm-gozh; pl. mammoù-kozh
son	mab; pl. mibien
His son is in America.	En Amerika emañ e vab.
daughter	merc'h; pl. merc'hed
Her daughters are staying in Paris.	E Pariz o chom emaint he merc'hed.
brother	breur; pl. breudeur
Your brother's name is Yann, right?	Anv ho preur a zo Yann, gwir?
sister	c'hoar; pl. c'hoarezed
aunt	moereb; pl. moerebed / moerebezed
uncle	eontr; pl. eontred
cousin	kenderv (m.) - ur c'henderv; pl. kendirvi - ar c'hendirvi
cousin (f.)	keniterv (f.) - ur geniterv; pl. kenitervezed - ar c'henitervezed

BRETON PHRASEBOOK

My cousins are engineers.	Ijinerien a zo ma c'hendirvi.
grandson	mab-bihan; pl. mibien-vihan
His grandsons are sick.	Klañv eo e vibien-vihan.
granddaughter	merc'h-vihan; pl. merc'hed-bihan
husband	pried; pl. priedoù
Her husband is looking for a job.	O klask fred emañ he fried. [FREE-ehd]
wife	gwreg; pl. gwragez
His wife's name is Rose.	Rozenn a zo anv e wreg.
mother-in-law	mamm-gaer; pl. mammoù-kaer / mammeg; pl. mammeged
father-in-law	tad-kaer; pl. tadoù-gaer
son-in-law	mab-kaer / lezvab
daughter-in-law	merc'h-kaer / lezverc'h

Vehicles

airplane	karr-nij (m.) - ar c'harr-nij; pl. kirri-nij -ar c'hirri-nij
ambulance	karr-klañvdi (m.); pl. kirri-klañvdi
automobile	karr-tan; pl. kirri-tan

BRETON PHRASEBOOK

bicycle	**marc'h-houarn (m.); pl. marc'hoù-houarn, kezeg-houarn - ar c'hezeg-houarn (mar'ch, "horse" + houarn, "iron")**
boat	**bag (f.) - ar vag; pl. bagoù**
bus	**karr-boutin (m.) - ar c'harr-boutin; pl. kirri-boutin / (in city) karr-straed; pl. kirri-straed**
car	**karr (m.) - ar c'harr; pl. kirri - ar c'hirri**
cart (horse-drawn)	**karr-marc'h (m.); pl. kirri-marc'h**
motorbike, moped	**c'hwil-tan (m.); pl. c'hwiled-tan (c'hwil, "bug" + tan, "fire")**
motorcycle	**marc'h-houarn-tan (m.); pl. marc'hoù-houarn-tan**
sailboat	**lestr-dre-lien (m.)**
ship	**lestr (m.); pl. listri / batimant (f.) - ar vatimant; pl. batimantoù**
ski	**ski (m.); pl. skioù**
sleigh	**karr-stlej (m.) - ur c'harr-stlej; pl. kirri-stlej**
submarine	**lestr-spluj (m.)**

taxi	un taksi (m.); pl. taksioù
train	tren (m.); trenioù
truck	karr-chalbotat (m.)
vehicle	gwetur (f.) - ur wetur; pl. gweturioù

Common Objects
An Traoù Pemdeziek

atlas	kartennaoueg (f.) - ur gartennaoueg; pl. kartennaouegoù - ar c'hartennaouegoù
bag	sac'h (m.); pl. seier
basket	kest (f.) - ur gest; pl. kestoù - ar c'hestoù
bottle	boutailh (f.) - ur voutailh; pl. boutailhoù
book	levr (m.) [LEEWr]; pl. levrioù
box	boest (f.) - ur voest; pl. boestoù
broom	skubellen (f.); pl. skubellenoù
bucket	sailh (f.); pl. sailhoù
candle	goulaouenn-goar (f.) - ur c'houlaouenn-goar; pl. goulaouennoù-koar (koar, "wax")

BRETON PHRASEBOOK

(bank) check	**chekenn (f.); pl. chekennoù**
clock	**horolaj (m.); pl. horolajoù**
corkscrew	**tenn-stouv (m.); pl. tennoù-stouv**
dictionary	**geriadur (m.)**
doll	**merc'hodenn (f.) - ur verc'hodenn; pl. merc'hodennoù**
a drop	**ur banne (m.); pl. banneoù**
Would you like a drop of beer?	**Ha plijout a rafe deoc'h ur banne bier?**
elevator	**saverez (f.); pl. saverezed**
envelope	**golo (m.); pl. goloioù / goloenn (f.) - ur c'holoenn; pl. goloennoù**
fire	**an tan (m.); pl. tanioù / dre dan, "mechanical"**
floor	**al leur (f.); pl. leurioù**
glasses (for drinking)	**gwer (coll.); sing. ur werenn (f.)**
glasses (for eyes)	**lunedoù (f. pl.)**
glue	**peg (m.); pl. pegoù**
grammar	**yezhadur (m.)**
hammer	**morzhol (m.); pl. morzholioù**
the hearth	**an oaled (f.)**

BRETON PHRASEBOOK

There's a fire in the hearth.	**Tan a zo en oaled.**
key	**alc'houez (m.); pl. alc'houezioù**
lamp	**kleuzeur (f.) - ur gleuzeur; pl. kleuzeurioù -ar c'hleuzeurioù**
letter	**lizher (m.); pl. lizhiri**
letter of the alphabet	**lizherenn (f.)**
light	**goulou (m.); pl. gouleier**
lock	**potailh (f.) - ur botailh; pl. potailhoù**
magazine	**dastumadenn (f.); pl. dastumadennoù**
map	**kartenn (f.) - ur gartenn; pl. kartennoù - ar c'hartennoù**
matches	**alumetez (coll.); sing. alumetezenn (f.)**
merry-go-round	**kezeg-koad (coll.); sing. ar marc'h-koad**
Would you like to go on the merry-go-round?	**Plijout a rafe deoc'h mont war ar c'hezeg-koad?**
net	**ar roued (f.); pl. rouedoù**
newspaper	**kazetenn (f.) - ar gazetenn; pl. kazetennoù -ar c'hazetennoù**

BRETON PHRASEBOOK

I'm reading the newspaper.	Ar gazetenn emañ o lenn.
notebook	kaier (m.) - ar c'haier; pl. kaieroù - ar c'haieroù
package	pakad (m.); pl. pakadoù
passport	tremen-hent (m.) ("pass-road")
pen	pluenn (f.) - ur bluenn; pl. pluennoù
pencil	pluenn-blom (f.) - ur bluenn-blom; pl. pluennoù-plom / kreion (m.) - ur c'hreion; pl. kreionoù - ar c'hreionoù
penknife	kanived (f.) - ur ganived; pl. kanivedoù - ar c'hanivedoù
pin	spilhenn (f.); pl. spilhennoù
postcard	kartenn-bost (f.) - ur gartenn-bost; pl. kartennoù-post - ar c'hartennoù-post
radio	skingomz (f.)
razor	aotenn (f.)
electric shaver	aotenn-dredan (f.); pl. aotennoù-tredan

BRETON PHRASEBOOK

radio	skingomz (f.); skingomzer (m.); pl. skingomzerioù (the actual device)
record player	an troer-pladennoù (m.)
road	hent (m.); pl. an hentoù (usually pronounced "an henchoù")
rope	kordenn (f.) - ur gordenn; pl. kordennoù - ar c'hordennoù
ruler	reolenn (f.); pl. reolennoù
schoolbag	ar sac'h-skol; pl. ar seier-skol
scissors	sizalh (f.); pl. sizalhoù
screwdriver	stard-biñsoù (m.); pl. stardoù-biñsoù
string	sifelenn (f.); pl. sifelennoù
suitcase	malizenn (f.) - ur valizenn; pl. malizennoù / valizenn (f.); pl. valizennoù
telephone	pellgomzer (m.); pellgomzerioù
television set	skinweler (m.); pl skinwelerioù
to watch TV	sellout ouzh ar skinwel

trash can	**boest-lastez (f.) - ur voest-lastez; pl. boestoù-lastez**
tree	**gwez (coll.); sing. ur wezenn**
umbrella	**disglavier (m.); pl. disglavieroù (dis + glav, "rain" + ier)**
visa	**viza (m.); pl. vizaoù**
window	**ar prenestr (m.); pl. prenestroù**
wristwatch	**eurier (m.); pl. eurieroù / montr (m.); pl. montroù**

Furniture and Rooms in the House
An annez ha ar c'hambroù e-barzh an ti

Note: For "in the house," we may say **en ti**, but the more usual expression is **e-barzh an ti**, "inside the house." In everyday speech, this has contracted to [ban-TEE].

room	**sal (f.); pl. salioù; kambr (f.) - ar gambr; pl. ar c'hambroù**
wall	**moger (f.) - ar voger; pl. mogerioù**
floor	**leur (f.); pl. leurioù; plañchod (m.); pl. plañchodoù**
ceiling	**sel (m.); pl. selioù**

BRETON PHRASEBOOK

door	dor (f.) - an nor; pl. an dorioù
window	prenestr (m.); pl. prenestroù
Is your window closed?	Serret eo bet ho prenestr?
No, my window is open.	Nann, n'eo ket. Digor eo ma frenestr.
furniture	gloestr (m.); pl. gloestroù; annez (col.) - sing. pezh-annez (m.); pl. pezhioù-annez ("pieces of furniture")
bathroom	sal-gibellañ (f.); pl. salioù-kibellañ
washroom	kambr-emwalc'h (f.) - ar gambr-emwalc'h; pl. ar c'hambroù-emwalc'
bathtub	kibell (f.) - ar gibell; pl. ar c'hibelloù
shower	strinkadenn-dour (f.); pl. strinkadennoù-dou
bathroom sink	taol-emwalc'hiñ (f.) - an daol-emwalc'hiñ; pl. an daolioù-emwalc'hi
to wash up	emwalc'hiñ
Where may I wash up?	Pelec'h dereout a ra din emwalc'hiñ?

132

BRETON PHRASEBOOK

the water closet	**ar privezioù; kambr-aes (f.) - ar gambr-aes**
Where's the restroom?	**Pelec'h emañ ar privezioù?**
Where's the men's room?	**Pelec'h emañ privezioù aotrounez?**
Where's the ladies' room?	**Pelec'h emañ privezioù itronezed?**
bedroom	**kambr-wele (f.) - ar gambr-wele; pl. kambroù-gwele -ar c'hambroù-gwele; kambr-gousket (f.); pl. kambroù-kousket**
bed	**gwele (m.); pl. gweleoù**
sleep; he's asleep	**kousket; o kousket emañ**
I'm not sleeping.	**Ne gouskan ket.**
Are you asleep?	**O kousket emaoc'h?**
You're not asleep, are you?	**Ne gouskit ket, gwir?**
armoire	**armel (f.); pl. armelioù**
dining room	**sal-debriñ (f.)**
table	**taol (f.) - an daol; pl. an taolioù**
chair	**kador (f.) - ar gador; pl. kadorioù - ar c'hadorioù**

sideboard	**kanastell (f.) - ar ganastell; pl. ar c'hanastelloù**
kitchen	**kegin (f.) - ar gegin; pl. ar c'heginoù**
refrigerator	**yenerez (f.); pl. yenerezed**
stove	**fornigell (f.); pl. fornigelloù**
cabinet	**armel-stag (f.); pl. armelioù-stag**
living room	**sal-degemer (f.); saloñs (m.)**
armchair	**kador-vrec'h (f.) - ar gador-vrec'h; pl. kadorioù-brec'h - ar c'hadorioù-brec'h**
sofa, couch	**gourvezvank (m.)**
television	**skinwel (m.)**
television set	**skinweler (m.); pl. skinwelerioù**
telephone	**pellgomz (f.) - ar bellgomz; pellgomzerez (f.) - ar bellgomzerez**
record player	**troer-pladennoù (m.)**
bookshelf	**armel-levrioù (f.); pl. armelioù-levrioù**
study, home office	**kambr-studi (f.)**
desk	**taol-skrivañ (f.)**

Clothing
An Dilhad

belt	gouriz (m.); pl. gourizoù
blouse	flotantenn (f.); pl. flotantennoù
The yellow blouse is pretty.	Brav eo ar flotantenn velen.
boot	heuz (m.); pl. heuzoù
Whose boots are those over there?	Da biv eo an heuzoù-hont?
cap	kasketenn (f.) - ur gasketenn; pl. kasketennoù - ar c'hasketennoù
coat	mantell (f.) - ar vantell; pl. mantilli
dress	sae (f.) [sé]; pl. saeoù
glove	maneg (f.) - ur vaneg; pl. manegoù
handkerchief	frilien (m.); pl. frilienoù (fri, "nose" + lien, "cloth")
hat	tog (m.); pl. togoù
a pair of pants	bragez (m.); pl. bragoù / brageier
raincoat	mantell-c'hlav (f.) - ur vantell-c'hlav; pl. mantilli-glav
scarf	skerb (f.); pl. skerboù
shirt	roched (f.); pl. rochedoù

shoes	bot (f.) - ur vot; pl. botoù
a pair of shoes	ur rumm botoù
skirt	brozh (f.) - ur vrozh; pl. brozhioù
sock	berrloer (f.) - ur verrloer; pl. berrloeroù (berr, "short" + loer, "stocking")
sportcoat	chupenn (f.); pl. chupennoù / porpant (m.); pl. porpantoù
stockings	loer (f.); pl. loeroù
tie	kravatenn (f.) - ur gravatenn; pl. kravatennoù - ar c'hravatennoù
vest	jiletenn (f.); pl. jiletennoù

Animals
Loened

animal	loen (m.); pl. loened
bird	evn (m.) - an evn; pl. evned [EW-ned] / labous (m.) -al labous; pl. laboused
beak	beg (m.); pl. begoù
chicken	yar (f.) - ar yar; pl. yer

BRETON PHRASEBOOK

rooster	**kilhog (m.) - ar c'hilhog; pl. kilheien - ar c'hilheien**
turkey	**kilhog-Indez**
duck	**houad (m.)** [OO-ahd] **- an houad; pl. houidi**
goose	**gwaz (f.) - ar waz; pl. gwazi - ar gwazi**
hawk	**falc'hun (m.); pl. falc'huned**
owl	**kaouenn (f.) - ar gaouenn; pl. kaouenned - ar c'haouenned / penn-kazh (penn, "head" + kazh, "cat")**
swan	**alarc'h (m.); pl. elerc'h**
mammal	**bronneg (m.); pl. bronneged**
bat	**logod-dall (coll.); sing. logodenn-dall (f.) (logod, "mice" + dall "blind") / askell-groc'hen (f.); pl. eskell-kroc'hen (askell, "wing" + kroc'hen, "skin")**
bear	**arzh (m.); pl. arzhed**
bull	**tarv (m.)** [TAH-rw]**; pl. tirvi** [TEER-vee]

BRETON PHRASEBOOK

calf	**leue** (m.) - **al leue**; pl. **leueoù** [leu-É-ou]
cat	**kazh** (m.) - **ar c'hazh**; pl. **kizhier** - **ar c'hizier**
cow	**buoc'h** (f.) - **ur vuoc'h**; pl. **buoc'hed / ar saout**
dog	**ki** (m.) - **ar c'hi**; pl. **chas** [shahs] - **ar chas / kiez** (f.) - **ar giez**; pl. **kiezed** - **ar c'hiezed**
dolphin, porpoise	**morhoc'h** (m.); pl. **morhoc'hed**
paw	**pav** (m.) [pahw]; pl. **pavioù**
That dog has big paws!	**Pavioù vras a zo gant ar c'hi-se!**
elephant	**olifant** (m.); pl. **olifanted**
fox	**louarn** (m.); pl. **lern**
goat	**gavr** (f.) [gawr] - **ur c'havr**; pl. **gevr/givri** - **ar gevr / ar givri**
horse	**marc'h** (m.); pl. **kezeg** - **ar c'hezeg**
lion	**leon** (m.); pl. **leoned**
monkey	**marmouz** (m.); pl. **marmouzien**
mouse	**logod** (coll.); sing. **logodenn** (f.) - **ul logodenn**

BRETON PHRASEBOOK

rabbit	konikl (m.) - ur c'honikl; pl. konikled - ar c'honikled
rat	razh (m.); pl. razhed
seal	reunig (m.); pl. reuniged
walrus	reunig-hirzantek (hir, "long" + dant-ek, "toothed")
sheep	dañvad (m.); pl. deñved / maout (m.); pl. meot
squirrel	gwiñver (m.); pl. gwiñvered / kazh-koad (m.) ("cat of the woods") - ar c'haz-koad
whale	balum (f.) - ar valum; pl. balumed
wolf	bleiz (m.); pl. bleizi
fish	pesk (m.); pl. pesked
cod	moru (coll.); sing. moruenn (f.) - ar voruenn
salmon	eog (m.); pl. eoged
shark	morvleiz (m.); pl. morvleizi (mor, "sea" + bleiz, "wolf")
trout	dluzh (coll.); sing. dluzhenn (f.) - ar dluzhenn

BRETON PHRASEBOOK

insect	**amprevan** (m.); pl. **amprevaned**
ant	**merien** (coll.); sing. **merienenn** (f.) - **ur verienenn**
butterfly	**balafenn** (f.) - **ur valafenn**; pl. **balafenned**
fly	**kelien** (coll.); sing. **kelienenn** (f.) - **ur gelienenn**; pl. **kelienennoù** - **ar c'helienennoù**
grasshopper	**kilhog-raden** (m.) - **ur c'hilhog-raden**; pl. **kilheien-raden** - **ar c'hilheien-raden** (kilhog, "rooster" + raden, "ferns")
mosquito	**pikerez** (f.) - **ar bikerez**; pl. **pikerezed**
roach	**c'hwil-du** (m.); pl. **c'hwiled-du**
spider	**kevnid** (coll.) - **ar c'hevnid**; sing. **kevnidenn** (f.) - **ar gevnidenn**; pl. **kevnidennoù** - **ar c'hevnidennoù**
reptile	**loen-stlej** (m.); pl. **loened-stlej** (loen, "animal" + stlej "crawling")
snake	**naer** (f.); pl. **naered**

turtle	**baot (f.) - ur vaot; pl. baoted**
amphibian	**divelfenneg (m.); pl. divelfenneged**
frog	**ran (f.); pl. raned**
mermaid	**mari-vorgan (f.) - ur vari-vorgan**

The Body

Breton has retained a special **dual** form for many of those body parts which occur in pairs, such as eyes and hands. These words begin with either **daou-** (m.) or **div-** (f.). In the list below, we will give the **dual** form first, followed by the **singular** and the **plural**. For these words, the **plural** is used to speak about hands, ears, eyes and such in general, not about specific pairs.

ankle(s)	**an daouufern [da-ou-U-fern); an ufern (m.); an ufernioù**
arm(s)	**an divrec'h [DIW-rekh]; brec'h (f.) - ar vrec'h; ar brec'hioù**
ear(s)	**an divskouarn; ar skouarn (f.); ar skouarnioù**
elbow(s)	**an daouilin; an ilin (m.); an ilinoù**
eye(s)	**an daoulagad; al lagad (m.); al lagadoù**
eyebrow(s)	**an divabrant; an abrant (f.); an abrantoù**

foot/feet	an daoudroad; an troad (m.); an treid
hand(s)	an daouarn; an dorn (m.); an dornioù
knee(s)	an daoulin; ar glin (m.); ar glinoù
leg(s)	an divhar/an divesker; gar (f.) - ar c'har; ar garoù
shoulder(s)	an divskoaz; ar skoaz (f.); ar skoazioù
wrist(s)	an douarzorn; an arzorn (m); an arzornioù

Other words for parts of the body occur in the singular with the usual plural. Some words, such as **blev [blew]**, "hair," are **collective**, and will have a feminine singular in **-enn**.

abdomen	kof (m.) - ar c'hof; pl. ar c'hofoù
back	kein (m.) - ar c'hein, pl. keinoù - ar c'heinoù
beard	barv (f. coll.) - ar varv; barvenn - ar varvenn, "one hair of a beard"; pl. ar barbennoù
body	korf (m.) - ar c'horf, pl. ar c'horfoù
bone	askorn (m.); pl. eskern
brain	empenn (m.); pl. empennoù

chest	**bruched (m.); pl. bruchedoù**
chin	**elgez (f.); pl. elgezioù**
eyelash	**malvenn (f.) - ar valvenn; pl. malvennoù**
eyelid	**kroc'hen-lagad (m.) - ar c'hroc'hen-lagad; pl. krec'hin-lagad - ar c'hrec'hin-lagad**
face	**dremm (f.) - an dremm; pl. an dremmoù**
finger	**biz (m.); pl. bizïed [bi-ZI-ehd]**
fist	**meilh-dorn (m.); pl. meilhoù-dorn**
hair	**blev (coll.); blevenn, "one strand of hair" (f.) -ar vlevenn; pl. ar vlevennoù**
head	**penn (m.); pl. pennoù**
kidney	**lounezh (f.); pl. lounezhi**
liver	**avu (m.) (no plural)**
moustache	**mourenn (f.) - ar vourenn; pl. ar mourennoù**
mouth	**genou (m.); pl. genaouioù [geh-NAO-you]**

BRETON PHRASEBOOK

nail (finger/toe)	ivin (m.); pl. ivinoù / ivined; ivin-biz, ivin-biz-troad
nose	fri (m.); pl. frioù
rib	kostezenn (f.) - ar gostezenn; pl. kostezennoù - ar c'hostezennoù
skin	kroc'hen (m.) - ar c'hroc'hen; pl. krec'hin - ar c'hrec'hin
stomach	sac'h-boued (m.); pl. seier-boued
tail	lost (m.); pl. lostoù
thumb	meud (m.)/ biz-meud; pl. meudoù/ bizïed-meud
toe	biz-troad (m.); pl. bizïed-troad
big toe	meud-troad (m.); meudoù-troad
tongue	teod (m.); pl. teodoù
tooth/teeth	dant (m.); pl. dent
pain, illness	droug (m.); pl. drougoù
I have a toothache.	Me a zo gant an droug-dant.
She has a headache.	Hi a zo gant an droug-penn.
He has a stomachache.	Eñ a zo gant an droug-kof.

Do you have a headache?	C'hwi a zo gant an droug-penn?
No, I don't.	Nann, n'on ket gantañ.
My knees are swollen.	Me a zo gant an droug-sant-Maodez.

Besides this legitimate complaint named after a saint, the Bretons have used saints' names for other, less valid, disabilities, such as the **droug-sant-Martin** and the **droug-sant-Beulbez** mentioned below.

Is he ill?	Eñ a zo gant un droug bennak?
No, he's drunk.	Oh ya, gant an droug-sant-Martin eo.
What's wrong with her?	Hi a zo gant peseurt droug?
Just stupidity.	Gant an droug-sant-Beulbez eo hepken.
the flu	grip (m.); gripoù
a cold	anouedadur (m.); anouedadurioù
Do you have a cold?	C'hwi a zo gant un anouedadur?
a headcold	sifern (m.); pl. sifernoù
I've caught a headcold.	Me a zo gant ur sifern.
a chest cold	gwaskenn (f.) - ur c'hwasken; pl. gwaskennoù
He has a chest cold.	Eñ a zo gant ur c'hwasken.

a fever	**terzhienn (f.) - un derzhienn**
Do you have a fever?	**C'hwi a zo gant un derzhienn?**
Yes, a high one.	**Ya, me a zo gant un derzhienn vras.**

Colors
Livioù

color	**liv (m.)** [LEE-w]; pl. **livioù**
monochrome	**unliv**
multicolored	**liesliv**
light (in color)	**sklaer**
dark (in color)	**teñval**
bright	**bev** ("lively")

The adjectives of color will have both masculine and feminine forms in the singular. Both are given below.

black	**du - zu**
a black hat	**un tog du**
a black coat	**ur vantell zu**
blue	**glas - c'hlas**

Glas is also used for the green of nature, as opposed to something painted green. It is sometimes used to mean "grey."

The sky is blue.	**An oabl a zo glas.**
The sea is green (blue), too.	**Glas eo ar mor ivez.**
beige	**louet-gell** ("grey-brown")
brown	**gell - c'hell**

green (painted, dyed)	**gwer - wer**
a green bed	**un gwele gwer**
a green chair	**ur gador wer**
grey	**louet / glas-wenn - c'hlas-wenn** ("blue-white")
orange	**liv-orañjez**
pink	**damruz - zamruz**
purple	**mouk - vouk**
red	**ruz**
reddish (hair)	**rous**
white	**gwenn - wenn**
yellow	**melen - velen**
flag	**banniel (m.); bannieloù**
the Breton flag	**ar gwenn-ha-du** ("the black and white")

People and Places
An Tud hag an Lec'hioù

man	**den (m.); pl. tud - an dud**
woman	**maouez (f.) - ur vaouez; pl. maouezed**
people	**tud - an dud**
child	**bugel (m.); pl. bugale - ar vugale**
boy	**paotr (m.); pl. paotred - ar baotred**

BRETON PHRASEBOOK

girl	**plac'h (f.) - ur blac'h; pl. plac'hed**
apartment	**ranndi (f.); pl. ranndioù**
baker	**baraer (m.); pl. baraerien - ar varaerien / baraerez (f.) - ur varaerez; pl. baraerezed**
bakery	**baraerdi (m.); pl. baraerdioù**
bank	**ti-bank (m.); pl. tiez-bank / arc'hanti (m.); pl. arc'hantioù** ("money-house")
beauty parlor	**saloñs-kened (m.)**
bishop	**eskob (m.); pl. eskibien**
bookshop	**ur stal-levrioù (f.); pl. ar stalioù-levrioù**
bread store	**baraerezh (f.) - ur varaerezh; pl. baraerezhioù**
butcher	**kiger (m.) - ar c'higer; pl. kigerien - ar c'higerien**
butcher's	**kigerdi (m.); pl. kigerdioù**
café	**kafedi (m.) - ur c'hafedi; pl. kafedioù / ti-evañ (m.); pl. tiez-evañ**

148

BRETON PHRASEBOOK

castle	**kastell (m.) - ar c'hastell; pl. kastelloù**
cathedral	**iliz-veur (f.); pl. ilizoù-meur**
cemetary	**bered (f.) - ar vered; pl. beredoù**
cinema, movie theater	**fiñvskeudenndi (m.); pl. fiñvskeudenndioù** (fiñv, "motion, moving" + skeudenn, "picture, image" + t/di, "house")
church	**iliz (f.); pl. ilizoù**
city hall	**ti-kêr (m.); pl. tiez-kêr**
customs (at border)	**maltouterezh (f.) - ar valtouterezh; pl. maltouterezhioù**
customs officer	**maltouter (m.); pl. maltouterien - ar valtouterien / maltouterez (f.) - ur valtouterez; pl. maltouterezed**
dentist	**mezeg-dent (m.); pl. mezeged-dent - ar vezeged-dent**
doctor (M.D.)	**medisin (m.); pl. medisined - ar vedisined / mezeg (m.); pl. mezeged house- ar vezeged**

factory	labouradeg (f.); pl. labouradegoù
farm	mereuri (f.) - ur vereuri; pl. mereurioù
farmer	merour (m.); pl. merourien - ar verourien
fish store	peskerezh (f.) - ur beskerezh; pl. peskerezhioù
fisherman	pesketaer (m.); pl. pesketaerien - ar besketaerien
(art) gallery	ti-skeudennoù (m.)
garage	karrdi (m.) - ar c'harrdi; pl. karrdioù / ti-kirri (m.)
garden	ul liorzh (f.); pl. iorzhoù
grocery store	ispiserezh (f.); pl. ispiserezhioù
guide	ambrouger (m.); pl. ambrougerien
hospital	klañvdi (m.) - ur c'hlañdi; pl. klañvdioù
hotel	ostaleri (f.); pl. ostalerioù
hotel keeper	ostaleriour (m.)
house	ti (m.); pl. tiez / kêr (f.) - ur gêr; pl. kêrioù
at home	er gêr

BRETON PHRASEBOOK

in town	**e kêr**
laundry	**ti-kouez (m.); pl. tiez-kouez**
library	**lenndi (m.); pl. lenndioù**
lighthouse	**tour-tan (m.); pl. tourioù-tan**
mailman	**douger-lizhiri (m.); pl. dougerien-lizhiri - ar zougerien-lizhiri**
market (place)	**marc'hallac'h (m.); pl. marc'hallac'hioù**
mayor	**maer (m.); pl. maered - ar vaered**
mayor's office	**maerdi (m.); pl. maerdioù**
merchant, businessman	**marc'hadour (m.); pl. marc'hadourien - ar varc'hadourien**
merchant (f.), businesswoman	**marc'hadourez - ur varc'hadourez; pl. marc'hadourezed**
museum	**mirdi (m.); pl. mirdioù**
palace	**ti-meur (m.)**
pharmacist	**apotiker (m.); apotikerien**
pharmacy, drug store	**stal-apotiker (f.); pl. stalioù-apotiker / apotikerezh (f.); pl. apotikerezhioù**
police	**polis (f.) - ar bolis**
police station	**ti-polis (m.)**

BRETON PHRASEBOOK

policeman	**polis** (m) - **ar polis;** pl. **polised** - **ar bolised**
post office	**ti-post** (m.)
priest	**beleg** (m.); pl. **beleien** - **ar veleien**
professor	**kelenner** (m.) - **ur c'helenner;** pl. **kelennerien** - **ar c'helennerien**
professor (f.)	**kelennerez** (f.) - **ur gelennerez;** pl. **kelennerezed** - **ar c'helennerezed**
restaurant	**ti-debriñ** (m.)
sailor	**martolod** (m.); pl. **martoloded** - **ar vartoloded**
school	**skol** (f.); pl. **skolioù** / **ti-skol**
shoe repair shop	**ti-kereour** (m.)
store	**stal** (f.); pl. **stalioù**
tavern	**tavarn** (f.) - **ar davarn;** pl. **tavarnioù**
tavern keeper	**tavarnour** (m.); pl. **tavarnizien** - **ar avarnizien**
teacher	**mestr-skol** (m.); pl. **mistri-skol** - **ar vistri-skol**
teacher (f.)	**mestrez-skol** (f.) - **ar vestrez-skol;** pl. **mestrezed-skol**

thatched-roof cottage	**ti-ruz (m.); pl. tiez-ruz**
town square	**plasenn (f.) - ur blasenn; pl. plasennoù**
train station	**gar (f.) - ur gar (no mutation); pl. garioù / ti-hent-houarn (m.)**
watchmaker's	**horolajerezh (f.); pl. horolajerezhioù**
worker	**micherour (m.); pl. micherourien - ar vicherourien**
worker (f.)	**micherourez (f.) - ur vicherourez; pl. micherourezed**
workshop	**ti-labour (m.)**
yard	**porzh (m.); pl. porzhioù**
My father's a teacher.	**Mestr-skol eo ma zad.**
I will be a fisherman.	**Pesketaer e vin.**
We will be tourists on our vacation.	**E-pad hor vakañsoù touristed e vimp.**
Where is the bakery, please?	**Pelec'h emañ ar baraerdi, mar plij?**
It's next to the shoe repair shop.	**E-kichen an ti-kereour emañ.**

Obligation, Prohibition, and Ability

to like to	**plijout da (blij/plij)**

I *like* to play tennis.	Plijout a ra din c'hoari tennis.
It's tennis I like.	Tennis a blij din.
I don't like tennis.	Ne blij ket din tennis.
soccer	mell-droad (f.) (mell, "all" + troad, "foot")
to like	kavout mat ("to find good")
to dislike	kavout fall ("to find bad")
to prefer x to y	karout gwell x eget y ("to like x better than y") (gar-/kar-)
I prefer soccer to tennis.	Ar vell-droad a garan gwell eget tennis.
to want to	fellout
I want to learn Breton.	Fellout a ra din deskiñ brezhoneg.
I don't want to forget.	Ne fellan ket disoñjal.

Obligation

it's time to	poent eo
It's time to leave.	Poent eo mont kuit.
to be obligated ("ought to")	dleout (zle-/tle-)
It must be difficult to play well.	Diaes e tle c'hoari mat.
You should speak to your father.	Dleout a rit da hon tad.

to have to, be obligated to ("must")	rankout
I must study.	Rankout a ran studiañ.
One has to work hard to play well.	Tenn e ranker labourat da c'hoari mat.
I have to study more and more to speak Breton well.	Muioc'h-muiañ e rankan studiañ da gomz mat brezhoneg.

Impersonal Expressions

it's a good thing	mat eo
It's a good thing for you to smile.	Mat eo deoc'h mousc'hoarzin.
it's high time	mall eo
It's high time for Peter to leave.	Mall eo da Ber mont kuit.
it's necessary	ret eo
It's necessary to me to work today.	Ret eo din labourat hiziv.
it's desirable	dav eo
It's a good idea for Rose to speak Breton.	Dav eo da Rozenn komz brezhoneg.

Prohibition

The word *arabat* may be used alone or with a form of *bezañ*.

must not	arabat (eo)

It's forbidden to swim here.	**Arabat eo neuiñ amañ.**
Don't! Stop! You must not!	**Arabat!**
You must not say that!	**Arabat deoc'h lavar an dra-se!**
You must not get angry.	**Arabat deoc'h mont e fulor.**

The verb for "to be able" is *gellout*. It is often used with forms of *ober*.

I can swim well.	**Gellout a ran neuiñ mat.**
Can you play tennis?	**Gellout a rit c'hoari tennis?**
Can *you* play tennis?	**C'hwi a c'hell c'hoari tennis?**
I can play tennis, but I can't play well.	**Gellout a ran c'hoari tennis, ne c'hellan ket c'hoari mat avat.**

Sayings and Proverbs
Krennlavarioù

Many Breton proverbs relate to life in the country and talk about weather.

Goañv abred, goañv bepred.	"An early winter will last long." (lit.: winter early, winter always)

Da c'houel Mazhe ar frouezh holl 'zo darev. Da c'houel Yann, ya ar goukouk d'al lann.	"By the Feast of Saint Matthew, all fruits are ripe. At the Feast of Saint John, the cuckoo goes in the fields."
Da c'houel Pêr, ya ar goukouk d'ar gêr.	"At the Feast of Saint Pete, the cuckoo is at home."
E miz Meurzh glav hag avel foll, A raio lakaat evezh d'an holl.	"If in March there is rain and wild wind, be on your guard." (lit.: give attention to everything)
Pask gleborek, Eost barraek.	"Rainy Easter, good harvest in August."
Ma ra glav da c'houel Hanter-Eost, Kenavo d'ar c'hraoñ-kelvez.	"If it rains at the festival of Mid-August, goodbye to the hazelnuts!"

The Bretons may be the only people on the planet who have created critical sayings about tailors. In the old days, these travelling craftsmen were held in low esteem. Compared with the rugged workers who spent their days outside, tailors were thought to be pale and weak.

Nav c'hemener evit ober un den.	"It takes nine tailors to equal one man."
Kemenerien zo em zreid!	"Tailors are in my feet!" (My feet are asleep. I have pins and needles in my feet.)

Of course, the following reflects a more thoughtful take on human endeavors:

| **Micher ebet ne zizenor un den.** | "No profession dishonors a man." |

The Bretons are not a gullible people, by and large. They do not readily believe what they read in the newspapers. The following proverb reflects the idea that the paper on which the news is printed will accept any words, true or not.

| **Ar paper a zo reizh.** | "Paper is docile." |

And here is one proverb that ties in with the old-time belief in the **ankou**, that "worker in the house of Death" so dreaded by the countrypeople. According to tradition, the **ankou** wore a shroud and a broad-brimmed hat (or hood) which hid his eyes. He travelled in a creaking cart filled with rumbling stones, searching out those slated to die. Each year, the last person to die in a region became the new **ankou**. In years when many people died and there was much sickness, the following proverb hinted at the cause.

| **Hemañ zo un ankou droug.** | "This one's a bad ankou." |

Finally, here is the first sentence from the **Istor Kêr Is** (*"The Tale of the City of Ys"*), *one of the classic Breton legends.*

Pa vezer o vageal e bae Douarnenez e klever a-wechoù un trouz iskis: kleier kêr Is a zo o seniñ dindan ar mor.

to go boating	**bageal (bag)**
when one goes boating	**pa vezer o vageal**
bay	**bae**
one hears	**klever (klevout)**
sometimes	**a-wechoù**
a noise	**trouz**
strange, bizarre	**iskis**

a bell, bells	**kloc'h (m.); pl. kleier**
to ring	**seniñ**
under the sea	**dindan ar mor**

"If you go sailing out on the bay of Douarnenez, sometimes you will hear a strange sound: it is the bells of the city of Ys, ringing under the sea."

Talking about Brittany and the Bretons

Brittany	**Breizh (f.) - ar Vreizh**

The abbreviation **BZH** appears on the national plaque of many French cars in Brittany.

Breton man	**Breizhad (m.)**
Breton woman	**Breizhadez (f.) - ar Vreizhadez; pl. Breizhadezed**
the Bretons	**Breizhiz (m.pl.) - ar Vreizhiz**
Breton (adjective)	**breizhat, breizhek**
Lower (Western) Brittany	**Breizh-Izel (f.)**
inhabitant of Lower Brittany	**Breizhizeliad (m.); Breizhizeliadez (f.)**
Upper (Eastern) Brittany	**Breizh-Uhel (f.)**
inhabitant of Upper Brittany	**Breizhuheliad (m.)**

Brittany has been traditionally divided into four "lands" (**broioù**):

Cornouaille	**Kernev, Bro-C'hernev**
Tregor	**Treger, Bro-Dreger**

BRETON PHRASEBOOK

Leon	**Leon, Bro-Leon**
Vannes	**Gwened, Bro-Wened**
Breton (language)	**brezhoneg (m.)**
typical Breton speech	**brezhonegadur (m.); pl. brezhonegadurioù**
to speak Breton	**brezhonegañ**
a speaker of Breton	**brezhoneger (m.); pl. brezhonegerien - ar vrezhonegerien / brezhonegerez (f.) - ur vrezhonegerez; pl. vrezhonegerezed**
specialist in Breton	**brezhonegour (m.); pl. brezhonegourien - ar vrezhonegourien**
Middle Breton	**brezhoneg-krenn (m.)**
Breton-speaking region	**brezhonegva (m.); pl. brezhonegvaoù**

There are many neolithic monuments throughout Brittany. These are popular with tourists.

an "alignment"	**(a row of prehistoric standing monoliths) steudadur (m.); pl. steudaduroù**
menhir (standing monolith)	**maen-hir (m.); pl. mein-hir ("long-stone") - ar vein-hir**

160

dolmen (a flat table-stone on top of two monoliths)	**taol-vaen (f.) - ur daol-vaen; pl. taolioù-maen** ("table-stone")

Place Names and Geographical Terms

Tbro (f.) - ur vro; pl. broioù (also: broezioù)

The word **bro** is often used before the name of a country. In this case, it causes the softening mutation of the following word.

Wales	**Kembre - Bro-Gembre, ar Vro-Gembre**
province	**rannvro (f.) (rann, "divison, part" + bro)**
state	**stad (f.); pl. stadoù**
government	**gouarnamant (m.); pl. gouarnamantoù / stadrenerezh (m.); pl. stadrenerezhioù**
republic	**stad-pobl (f.)**
population	**poblañs (f.) - ur boblañs**
ethnic group	**pobl (f.) - ur bobl / poblad (f.)**
frontier, border	**harzoù (m. pl.)**
mountain	**menez (m.); pl. menezioù/menezeie**
Mont-Saint-Michel	**Menez-Mikael-ar-Mor**

BRETON PHRASEBOOK

volcano	**menez-tan (tan, "fire")**
woods	**koad (m.); pl. koadoù**
forest	**koadeg (f.) ar goadeg; pl. koadegi/koadegoù - ar c'hoadegi**
the forest of Brocéliande (in Brittany, where the Holy Grail is hidden)	**Brekilien; ar goadeg Vrekilien**
river / large river	**stêr (f.) / stêr-veur; pl. stêrioù / stêrioù-meur**

Like **bro**, **stêr** also causes the softening mutation of the following word.

the Seine	**Saena / Stêr-Saena**
the Loire	**Liger / Stêr-Liger**
the Thames	**Tavoez / Stêr-Davoez**
the Mississippi	**Misisipi / Stêr-Visisipi**
creek, stream	**gouer (f.) - ar c'houer; pl. goueroù**
island	**enez (f.); pl. inizi / enezenn (f.); pl. enezennoù**
beach	**traezhenn (f.) - ur draezhenn; pl. traezhennoù**
coastline, shore	**aod (m.); pl. aodoù**
harbor, port	**porzh (m.); pl. porzhioù**

city	**kêr (f.) - ar gêr; pl. kêrioù - ar c'hêrioù**

This word also causes a softening mutation of the following word when used in a compound.

Marseilles	**Marsilha / Kêr-Varsilha**
Paris	**Pariz / Kêr-Bariz**
Bordeaux	**Bordel, Kêr-Vordel**
village	**kêriadenn (f.) - ar gêriadenn; pl. kêriadennoù - ar c'hêriadennoù**
field	**park (m.); pl. parkoù**
My fields are not large.	**N'eo ket bras ma farkoù.**
countryside	**ar maez**
sea	**mor (m.); pl. morioù**
ocean	**mor-bras (m.); pl. morioù-vras / meurvor (m.); pl. meurvorioù**
lake	**lenn (f.); pl. lennoù**
tide	**mare (m.); pl. mareoù**
high tide	**reverzhi (f.); pl reverzhioù**
wave	**gwagenn (f.) - ar wagenn; pl. gwagennoù**

In naming the points of the compass, the Bretons imagined themselves facing east. "North" was then on the left. It was also the place of great darkness, hence "midnight."

BRETON PHRASEBOOK

north	kleiz (m.) - ar c'hleiz ("left" and "north") / nord (m.) / hanternoz (m.) ("midnight" and "north")
northeast	biz (m.)
northwest	gwalarn (m.)
east	reter (m.) / sav-heol ("sunrise" and "east")
south	dehou (m.) ("right hand" and "south"); kreisteiz ("noon" and "south"); su (m.)
southeast	gevred (m.)
southwest	mervent (m.) / kornog-izel (m.) - ar c'hornog-izel
west	kornog (m.) - ar c'hornog / kuzh-heol (m.) - ar c'huz-heol ("sunset" and "west")
English Channel	Mor Breizh
Atlantic Ocean	Mor Atlantel
Pacific Ocean	Mor Habask
Mediterranean Sea	Mor Kreiz
continent	douar-bras (m.) ("big land"); pl. douaroù-vras / meurzouar (m.); pl. meurzouaroù

Europe	**Europa**
North America	**Norz-Amerika**
Central America	**Kreiz-Amerika**
South America	**Su-Amerika**
Africa	**Afrika**
Asia	**Azia**
Australia	**Aostralia**
Oceania	**Okeania**

From the names of countries, the names of the inhabitants are created in general by suffixing **-ad** (sing.) or **-iz** (plural) to the country name: **Holland Hollandad, Hollandiz**. The feminine adds **-ez**, and plural **-ezed**, to the **-ad** form: **Hollandadez, Hollandadezed**. There are, of course, exceptions.

France	**Bro-C'hall, Frañs**
French	**Gall; pl. Gallaoued**
French language	**galleg**
England	**Bro-Saoz**
English	**Saoz; pl. Saozon**
English language	**saozneg**
Great Britain	**Breizh-Veur** (f.)
Wales	**Bro-Gembre**
Welsh	**Kembread**
Welsh language	**kembraeg**
Ireland	**Iwerzhon**
Irish	**Iwerzhonad (m.), Iwerzhonadez (f.); pl. Iwerzhoniz**
Scotland	**Bro-Skos, Alba**
Belgium	**Belgia** (g as in "go")
Spain	**Spagn, Bro-Spagn**

BRETON PHRASEBOOK

Italy	**Italia**
Germany	**Alamagn**
German (person)	**Alaman**
German language	**alamaneg**
Netherlands	**Izelvroioù** (pl., "low lands") / **Holland**
America	**Amerika**
American (person)	**Amerikad**
American (adjective)	**amerikan** United States **Stadoù-Unanet**
Canada	**Kanada** [kah-NAH-dah]
Canadian	**Kanadaad/Kanadian**
Mexico	**Meksik**
Mexican	**Meksikad**
China	**Sina, Bro-Sina**
Chinese	**Sinaad; pl. Sinaiz**
Chinese language	**sinaeg**
Japan	**Japan**
Japanese	**Japanad; pl. Japaniz**
Japanese language	**japaneg**
What country are you from?	**Eus peseurt bro emaoc'h?**
I'm from the U.S.A.	**Eus ar Stadoù-Unanet emaon.**
We're from Canada.	**Eus Kanada emaomp.**
I live in England.	**E Bro-Saoz emaon o chom.**

Do you live in Brittany?	**E Breiz emaoc'h o chom?**
Yes, I live in Vannes.	**Eo, e Gwened emaon o chom.**
The Chinese speak Chinese.	**Sinaeg eo a gomz ar Sinaiz.**
What language do the Irish speak?	**Peseurt yezh eo a gomz an Iwerzhoniz?**
They speak English now, alas.	**Bremañ e komzont Saozneg siwazh!**

Some Cities in Brittany

Rennes	**Roazhon**
Vannes	**Gwened**
Quimper	**Kemper**
Nantes	**Naoned**

Personal Names

name, family name	**anv** (m.); pl. **anvioù**
first name, given name	**raganv** (m.); pl. **raganvioù**

There are many Breton names which have equivalents in French and English. Here are some of them.

Adele	**Adela**
Agnes	**Oana**
Alan	**Alan, Lan**
Albert	**Alberzh**
Andrew	**Andrev**
Anne	**Anna**
Arthur	**Arzhur**

BRETON PHRASEBOOK

Bernard	**Bernez**
Brigitte	**Berc'hed**
Catherine	**Katell**
Charlemagne	**Karl-Veur**
Claire	**Sklaera, Yuna**
David	**Devi**
Denise	**Deneza**
Dennis	**Denez**
Edward	**Edouarzh**
Eleanor	**Azenor**
Elizabeth	**Elesbed**
Emilie, Emily	**Emilia**
Frances	**Frañseza, Soaz**
Francis	**Frañsez, Fañch**
Galahad	**Gwalc'haved**
Henry	**Herri**
James	**Jakez**
Jane, Joan, Janet	**Janed**
John	**Yann**
Joseph	**Josef, Jozeb**
Laura	**Laora**
Lawrence	**Laorañs**
Louis	**Loeiz**
Margaret	**Marc'harid**
Martin	**Marzhin**
Mary, Marie	**Mari**
Matthew	**Mazhe, Mazhev**
Merlin	**Merzin**
Michael	**Mikael**

BRETON PHRASEBOOK

Michele	**Mikaela**
Monica	**Mona**
Patrick	**Padrig**
Peter, Pierre	**Per**
Raymond	**Remont**
Robert	**Roparzh**
Rose	**Rozenn**
Susan	**Suzanna**
Theresa	**Tereza**
Yves	**Erwan**
Yvonne	**Ivona**

There are also Breton names which have no equivalents in other languages. Among these are the following.

Allore	**Eflamm**	**Helouri**	**Mael**
Argan	**Elouarn**	**Hoël**	**Meriadeg**
Azenor	**Ewen**	**Iltud**	**Ninnog**
Bleuzenn	**Fragan**	**Joran**	**Nolwenn**
Budog	**Gireg**	**Kadeg**	**Peran**
Donan	**Gweltaz**	**Kast**	**Riwal**
Dunvel	**Gwenole**	**Laouenan**	**Trifin**

Many first-names consist of more than one name. Very often, the second name in the group will undergo a softening mutation.

| John-Peter, Jean-Pierre | **Yann-Ber** |
| Pierre-Marie | **Per-Vari** |

Families of Words

Breton is a language rich in down-to-earth expressions. Compounds are frequently used to create abstract words from concrete roots.

<u>**mamm**</u> "mother"

mammvro	"fatherland" (**mamm + bro**)
mammyezh	original language
mammlezenn	constitution ("mother law")
mammenn-lagad	pupil (of the eye)
mammskrid	original text ("mother writing")
mammenn	source, origin
penn	"head"
penn an hent	the beginning of the trip
penn-da-benn	from end to end
roiñ penn da	to yield
ar penn kentañ	the beginning
dibenn	the end
ar pennoù vras	VIP's, big cheeses
pennhent	main road
kaout e benn	to obtain satisfaction ("have one's head")
poan	"pain"
poan-benn, poanioù-penn	migraine
poan-galon, poanioù-kalon	chagrin
poan-spered	anxiety
poan-vugale	pains of childbirth

Breton on the Web and in the World

Ar Brezhoneg War Ar Wiadenn Ha E-barzh Ar Bed

The existence of the World-Wide Web has been a great help to those wishing to publish in Breton. Suddenly, an international forum has become available, and Breton speakers are taking advantage of it. The Breton presence on the Web includes several educational and cultural sites as well as numerous personal *chomlec'hioù* (home pages).

In Breton, *gwiad* (f.) is used for "spider webs." The singulative form is *gwiadenn*, "a spider web." This is the word used to refer to the Internet, *ar wiadenn*, with mutation of the initial g. The expression *ar Web* is also found. In the everyday language, *chomlec'h* (*chom*, "stay" + *lec'h*, "place") is used for "domicile, address." It is also used for giving an e-mail adddress: *Ma chomlec'h a zo...*, "My address is...". And if a certain Yann Kere were to have a homepage, he might entitle it *Pajenn Yann Kere*, "Yann Kere's Page."

Web sites are notoriously ephemeral, so the best way to proceed is to go to a search engine (such as Alta Vista) and type in "brezhoneg." You will then be able to visit the current sites.

In researching this book, we found the following sites which have been stable and are excellent sources of information:

Breton on the Web and in the World

a. http://webbo.enst-bretagne.fr/Kervarker/index.html

This is the primary website for information about Breton: courses, publications, organizations.

b. http://www.geocities.com/Athens/2918/taolenn.html

This site contains the course *Herve ha Nora*. It includes sound, featuring the pronunciation of Breton words.

c.http://webbo.enst bretagne.fr/Brezhonet/pennbajenn.html

Here is another source of information about the Breton language and various organizations.

d. http://tarbh.smo.uhi.ac.uk/saoghal/mion-chanain/brezhonez/

Here you will find more lessons in Breton and sound samples.

e. http:www.utbm.fr/les.personnes/thierry. vignaud/galleg/cuisine.cuisine.htm

If you are looking for cooking tips, this site has recipes for Breton foods.

f. http:www.utbm.fr/les.personnes/thierry.vignaud/galleg/histoire/bretag ne/gwenn&du.htm

Here you will find the Breton flag and a map of the peninsula.

g. http://www.notam.uio.no/~'hcholm/altlang/ht/Breton.html

This site features *The Alternative Breton Dictionary*, a collection of Breton slang terms.

Appendix: Breton Organizations

Here are some Breton organizations with special interests.

B.A.S. *(Bodageg Ar Sonerion)* - Assembly of Pipebands
13 Straed Louis de Montcalm
29000 KEMPER, BREIZH
FRANCE

DASTUM - to collect and publish traditional music and songs
16 Straed Penhoet
35065 ROAZHON, BREIZH
FRANCE

KENDAL'CH ("congress, perseverance") - federation of over 130 Breton singing, dancing, and culture groups
12 rue Nationale
BP 20
56250 AN ELVEN, BREIZH
FRANCE

SAV HEOL ("sunrise") - courses in Breton
42 rue des Lilas
35136 St Jacques de la Lande
FRANCE

SKOL OBER - Breton courses by mail
Gwaremm Leurven
22310 PLUFUR, BREIZH
FRANCE

Appendix: Breton Organizations

SELL 'TA! ("Take a look!") - a video magazine (VHS-Secam format) in Breton with many varied segments, including cartoons.
SELL 'TA! c/o SKED
18 Ru Duguay Trouin
29200 BREST, BREIZH
FRANCE
Pgz/tel. (33) 98 80 26 71

La Cornouaille en Bretagne

Les anciennes subdivisions de la Bretagne.

La ligne pointillée entre Saint Brieuc et Vannes représente la limite approximative entre le breton (à l'ouest) et le parler gallo (à l'est).

Bibliography

Denez, Per. *Brezhoneg Bemdez*. Paris: Editions-Disques Omnivox, 1977.

Denez, Per. *Brezhonez...buan hag aes*. Paris: Editions-Disques Omnivox, 1972.

Denez, Per. *Komzit ha Skrivit Brezhoneg*. Paris: Editions-Disques Omnivox, 1973.

Desbordes, Yann. *Petite grammaire du breton moderne*. Lesneven (France): Mouladurioù Hor Yezh, 1983.

Hemon, Roparz. *Dictionnaire Breton-Français/Français-Breton*. Brest: Al Liam, 1985.

Jouin, Beatris. *Premier vocabulaire breton*. Rennes: Ouest France, 1983.

Kervella, Frañsez. *Nouvelle méthode de breton*. Rennes: Ouest France, 1984.

Morvannou, Fañch. *Le Breton Sans Peine (Tome 1)*. Chennevières sur Marne (France): Assimil, 1978.

Pierre Trépos. *Grammaire bretonne*. Rennes: Ouest France, 1980.